职业的力量

王杰良 著

海天出版社

·深圳·

图书在版编目（CIP）数据

职业的力量 / 王杰良著. — 深圳：海天出版社，
2018.12
ISBN 978-7-5507-2543-0

Ⅰ．①职… Ⅱ．①王… Ⅲ．①职业选择－通俗读物
Ⅳ．①C913.2-49

中国版本图书馆CIP数据核字(2018)第259111号

职业的力量
ZHIYE DE LILIANG

出 品 人　聂雄前
策　　划　胡学文　许全军
封面题字　吴冠南
责任编辑　熊　星　童　芳
责任校对　梁　萍
责任技编　梁立新
装帧设计　袁　野

出版发行　海天出版社
地　　址　深圳市彩田南路海天综合大厦7-8层（518033）
网　　址　http://www.htph.com.cn
印　　刷　深圳市希望印务有限公司
开　　本　889mm×1194mm 1/32
印　　张　8.25
字　　数　175千字
版　　次　2018年12月第1版
印　　次　2018年12月第1次
印　　数　1—3000册
定　　价　68.00元

序一

职业的古今逻辑

文·陈广胜

2018 年 5 月中旬发生的川航备降事件，被喻作世界航空史上的奇迹。面对驾驶舱玻璃爆裂、脱落的险情，机长克服低温、低压和大量机载设备失灵的困难，在万米高空依靠手动操纵，成功挽救了全机 128 人的生命。当大家盛赞英雄的时候，机长却谦逊道："我才没你们说的那么牛，我这只是专业。"

说到专业，我不禁想起欧阳修在名作《卖油翁》里的一句话："无他，但手熟尔。"现代机长和宋代卖油翁，是风马牛不相及的两个职业，且隔着千年之久的岁月，但两者道理相通，说明人类总有一些超越时间的不变规则和精神。当然，现代社会职业细分的程度，早已不是春秋管仲学派论述"士农工商"时那样单纯，也不是后来用"三教九流"就可以概括。职业是人类分工的产物，经济社会越发展，专业性要求越高，职业自然越来越不可大而化之。

职业只是形式，职业化才是实质。所谓职业化，应体现履职状态的规范化、标准化、制度化。晚清曾国藩创办湘军，一改普通团练不离家园、不离生产、不食于官的临时武装性质，走的正是职业化路线。清廷任命了42位团练大臣，其他人不过拉扯一支散兵游勇，唯曾国藩仿照明朝戚继光的营制，锤炼出比八旗、绿营厉害得多的战斗力。于是，有国家正规编制的常备军反而显得业余，由于营务废弛、日趋腐败，他们事实上已不够职业化，在玩不得半点虚假的战场只能被淘汰。

由此可见，拥有一个职业身份与真正成为职业人是两码事。职业人需具备相应的职业素养、职业技能，善于在适宜的时间、地点，用适宜的方式、手段，做适宜的事情。正如川航这位专业的机长，他在危机面前，首先不是作为一名英雄横空出世，而是作为一名职业人按正确的规范要求冷静处置。相比一般机长，他的职业素养、职业技能经受了极其严峻的考验，体现出超一流的职业化水平，所以成了职业人中的英雄。

作为一名职业人，不管是在21世纪，还是上溯到千百年前，都离不开职业精神作支撑。从卖油翁身上，我们可感受精益求精的技术，这一定来自专注本业的精神；从曾国藩身上，我们可感受舍我其谁的气概，这一定来自勇担责任的精神。虽然在他们的时代，不可能有职业、职业化、职业人的现代内涵，但丝毫不缺乏与专业活动、履职紧密相连的精神自觉。川航飞机安全备降，与机长乃至全体乘务人员的职业精神不可割裂。精神是人脑释放的某种能量，本质上是对事物记录和重演的定向循环机制。职业精神可谓看不见的软实力，无疑是让职业人变得强大、可靠的硬要素。

任何职业都离不开核心价值观的引导。尤其是在今天，以用户为中心，让服务对象满意，是每一个企业家、每一个公司员工、每一个政府工作人员、每一所学校、每一家医院等理应遵循的天条，这是基于人本主义的理念。反之，也有建立在物本主义基础上的职业态度。而物一旦成为中心，人——无论广大用户还是职业人自身，很难不成为实现目的之工具，最终也难免会被物所奴役。

借王杰良先生出版《职业的力量》之际，就职业的古今逻辑谈一点粗浅认识。杰良是我20多年的好友，长期担任大型集团公司主要负责人，曾获相关城市授予的多项荣誉称号。他是践行者，又是思考者。本书着眼于企业职业化的实践，汇集了作者所思所悟，读来轻松流畅，富有真知灼见，相信对大家不乏启示意义。在我看来，每个人都是一部历史。每个人的知与行就像水流，不管水量大小、流径长短，全是独一无二的存在，故都有值得发掘、值得珍视的价值。

浙江省政府副秘书长

2018 年 5 月 31 日

序二

提升认知思维

文·史永翔

我和杰良先生相识十余年，也经常见面，交流对职业、专业和事业的看法。这本书汇集了成功职业人的事业成长所必需的正确观念和专业技能，是一本对职业人很有帮助的工具书！

杰良先生提出了职业发展的三部曲：职业工作人、职业经理人和职业事业人。这个观点非常好。我觉得他自己其实就是很好的践行者。

当今社会上，将职场与事业对立，将职业人与老板对立，将机会与能力构建对立……存在着太多的急功近利，这与经济高速发展、投机成风有关。而一个健康发展的社会，要求的是企业要注重价值成长，职业人要提高职业素养和专业能力，与企业、与社会互动成长，打造共同发展的事业。杰良先生这本书正是及时雨，给投机过度的职场一剂清醒剂。

本书呈现了杰良先生的知识火花，这来自他的认知思维。所以，我想在此谈一谈如何提升自己的认知思维。这需要从四个方面下功夫：

第一，通过对比，客观地认识自己。人是通过与他人对比来进行自我认知的，客观地认识自己，客观地接受他人。

为什么旅行会让一个人的内心更加柔软？因为旅行可以看到各种不同的人物，在此过程中就会知道什么是谦卑。为什么阅历越丰富的人，自我认知的水平越高？这是因为他不断地找到对比物。很多人自信也好、自卑也好、狂妄也好，都是因为对比物太少。或者只是活在一个套子里，那就会变得固执。这种对比表现在纵向上，那就是通过对昨天的认识，提升今天的水平，如读史书可以明志；表现在横向上，则是这个地区与那个地区的对比，如走过多个国家就会客观地认清自己的国家和自己的成长环境；表现在不同类型上，交往不同层次爱好的朋友，职场上的熟人与爱好上的熟人，自然是不同的。我们是通过别人身上的镜子反射和认知自己。

第二，打破界限，提升认知的宽度和高度。经常出现的一种情况是离开家乡的人，比留在家乡的人更有成就，这其实就是突破了自己熟悉的边界。比如运动，原来只可以跑 2 公里，通过不断运动，不断强化训练，就可以突破跑 10 公里。通过体能的突破，运动成绩的提高，进而获得自己对潜能认知的变化。认知思维的提高其实是突破思维局限，有意识地不断打破自己的天花板，跳出自己的舒适圈，你的认知就开始提高了。反之，很多人为什么不能提高自己的认知，是因为他们有恐惧心理，不能突破自我。

第三，接受过程，磨炼认知深度。现在提倡深刻思考，但今天互联网环境下，给我们的碎片化知识和愉悦性的内容，都会导致我们大脑的懒惰，导致对深刻思维的排斥。因此，我们可以看到更加浅薄、幼稚的思维和冲动的表达，缺乏理性和思考，这些都是由于认知思维不能接受思考过程中的艰辛。提高认知的过程其实是一个忍耐的过程，对艰难的东西需要一个适应的过程。我们要能够接受这样的一个成长过程。提升认知思维过程其实是非常痛苦的，这个痛苦是什么？刚开始的时候是看不到自己成长，需要不断地反复磨炼，过一段时间之后，你会突然发现有顿悟感。比如我们在学习一门学科时，刚开始的时候就是茫然，但是你需要接受这样一个茫然的过程，所以在突破思维界限的过程中，我们需要反复去冲撞自己的边界，需要忍受大脑思维的艰难、辛苦。

第四，反复总结，寻求认知思维规律。杰良先生这本书其实就是对自己职场生涯的总结。提出"学习型组织"观点的作者彼得·圣吉曾说："总结的次数决定了成长的高度。"他讲的这个成长的高度其实就是认知思维的高度。所以，我们要善于总结，不断总结。

其实，人一生的绝大多数错误都是重复的，有人归于性格，有人归于命运，其实来自思维的惯性，缺乏对自己的反思，也就失去了对自我的修正。人难的是"自知之明"，更难的是"知行合一"。

以上就是我谈到的如何提高认知思维的四个方法。杰良这本书，不仅仅有职场的经验传递，更重要的是有助于提升我们的认知思维。祝贺本书的出版，也希望它能够给每个读者带来很好的启发。

北京大学汇丰商学院讲座教授

2018 年 6 月 1 日于苏州

序三

为企业家品质力点赞

文·刘双平

我有许多受人尊敬的企业家朋友，王杰良是其中的杰出代表。

我与杰良相识相交二十余年，尽管每年见面次数不多，但一直心心相印，互相视为知己。历经人生风雨洗礼，我们之间的情谊也愈加醇厚。

时间是友谊的见证者，更是人品的试金石。在多年的交往中，我发现了杰良身上许多优秀甚至称得上高贵的品质。

超常的记忆力。犹记得在武汉相识之初，我很诧异于他打电话从不翻号码本，后来了解到，他对号码过目不忘，数百个电话号码全装在脑子里。他是财务高手，对公司财务数据滚瓜烂熟，以至于同事们公认"他有一颗比电脑还厉害的大脑"。其实，记忆超强的背后一定源于他格外用心加倍用工的付出。

强劲的自驱力。杰良每天只睡五六个小时，大部分时间都在工作与思考，他从工作中找到乐趣，让生命在工作中闪光，享受工作的状态。20 世纪 90 年代，他带着荷枪实弹的高大保镖，冒着生命危险，去战火刚停的安哥拉做生意，后来跑遍了几乎所有的非洲国家，成了"非洲通"。在他外贸生意的巅峰时期，他的足迹遍布非洲、中东和南亚。杰良骨子里有一股奋斗不止的创业精神。

超凡的自控力。与杰良交往这些年，每次见他总是西装革履衬衣领带，十分专业的职业形象，从不松懈自己，这是多么高的职业自觉！见过他公司主编的内部杂志并且每期他都坚持写稿刊发后，我才了解到十几年如一日地坚持出版一份刊物，这是多么的自律！如果深入了解他管理公司的细节，你还会发现，作为一名公司高管，他对自己日常工作的计划和总结总是能保持准时、清晰、高质的水平，这自然是难得的自律！

高远超然的追求力。杰良是一个有情怀的人。在治企方面，他总是励精图治发展事业，倡导"和谐企业，快乐工作，幸福生活"，重视贡献社会、回报股东、温暖员工。在为人方面，他义利兼顾，与人谦善，侠肝义胆，有能吃亏能忍耐的大度，更令人钦佩的是，他怀有"兼济天下"的胸怀，能致富思源、回报乡土，并且多年默默资助云南山区学子而不求名利。近些年，他又多次提到希望今后能与我携手一道多做公益。

杰良身上充满了"力"量。凭着天资、勤奋、内心的自觉与智慧，杰良一步一个脚印，在每个岗位都取得骄人业绩，先后获"武昌地区十大杰出青年""武汉市劳动模范""武汉市十大杰出青年企业家""亚洲资源管理突破奖"等荣誉，在职业生涯中更是一路高奏凯歌。

杰良注重积累，擅于总结，也乐于分享，在繁忙工作之余，笔耕不辍，常常将自己对职业的思考和心得写成文字，赠予同道分享和交流。

今年 4 月底，我到深圳领取"五一劳动奖章"，与杰良喝茶聊天之际，他提及要将自己的文字编成集子。我为兄弟的正能量欣喜，遂自荐作序。水平局限，写序其实让我忐忑，但以此短文送上祝福，确是我的真心。衷心祝愿好兄弟的佳作成功出版，把人生下半场打造得更加精彩！

著名文化产业专家、文化学者

2018 年 5 月 31 日

序四

职业的法律敬畏

文·苏醒

　　王杰良之所以成为一名优秀的企业家和职业经理人，离不开他对法律的认知和敬畏。

　　在杰良管理的企业里，每一项决策、每一份合同、每一项制度、每一个项目方案的确定，都必须有法务部或法律顾问出具的意见。在这位企业总裁所搭建的组织架构中，法务部是他的"左膀右臂"，法律顾问是他的"座上宾"。他经常说："无知无畏，平湖翻船；敬畏法律，一帆风顺。"这让我们深深地感受到他对法律的敬畏之心。我想，正是这份对法律的认知和敬畏，让他带领着企业乘风破浪、勇往直前。

　　敬畏法律是优秀企业家和职业经理人必备的素养。法律必须被敬畏的主要原因，是其有国家强制力作后盾，违反法律就会招致国家法律的强制制裁。不论是刑事、民事还是行政违法，一旦被认定违法就会受到惩罚。这就是法律的国家强制性，对于法律的规定，只能遵守而不能违反。不论是大企业家还是中小企业家，缺乏对法律的敬畏，其后果必然是严重的，所付出的代价极可能是惨重的。

据北京师范大学中国企业家犯罪预防研究中心发布的报告显示，仅在 2014 年，企业家犯罪共有 657 例，涉及犯罪企业家 799 人。其中，犯罪民营企业家共 677 人，占犯罪企业家总人数的 84.73%。报告还显示，2014 年 799 名犯罪企业家共涉及 57 个具体罪名，其中民营企业家犯罪共涉及 51 个具体罪名。近年来，企业家犯罪呈高发趋势。许多一时风光无两的企业家和职业经理人都因触碰法律的红线而"落马"。法律不会因企业家的知名度而放松对其应有的制裁，轻视法律的结果不但给企业带来毁灭性的灾难，企业家也同样会自取灭亡。

企业家在某种程度上是冒险家、改革家。即便如此，也不能藐视法律。因此，知法、守法和用法是企业家必备的法律素养。若要在商海中游刃有余，企业家必须具备较强的法律意识，培养自身的法律思维。当然，让企业家和职业经理人对法与非法、罪与非罪的界线了然于胸，对法律的了解面面俱到，未免过于苛求，但作为优秀的企业家和职业经理人，对法律必须有敬畏之心。

任何一家企业，在市场经济的大海中都会遇到大风大浪，风险无处不有。杰良在本书中有关"企业风险控制"的理论，无疑是他管理企业的经验总结。他认为企业的成败关键在于能否做到风险控制，不但要感知风险的存在，更要敢于面对风险，勇于控制风险。

不仅如此，杰良在本书中对于企业法律风险的论断颇见功力，从企业通过制度化管理营造统一的"法律"环境到让企业资产回归优质，从收购、合作、重组过程中防范或有负债的存在到签订重大协议之前做好尽职调查，再到建立责权利三者分立的监督机制以防止权谋等，都堪称经典。我完全相信，这都是杰良多年经营企业的管理自悟，更是敬畏法律的深切体会。

孟子曰："徒善不足以为政，徒法不能以自行。"这句话的大意是，只有善德不足以处理国家的政务，只有法令不能够使之自己发生效力。法律本身是不能自己得到落实的，需要执法者严格执法，需要公众的守法意识和社会整体法制环境的提升。南宋朱熹说："君子之心，常存敬畏。"纵观诸多企业家和职业经理人在事业处于辉煌之时践踏法律红线走向犯罪的深渊，不少昔日的明星企业因企业家签订的致命缺陷合同而轰然崩塌。缺少对法律的敬畏，视法律为"稻草人""橡皮泥""摆设"，无疑是触犯法律的最初起因和最根本内因。

企业运营过程中的各个环节都存在引发企业家刑事风险和民事风险的隐患，而且随着社会经济的发展将越来越复杂，企业家犯罪和企业为此而倒闭或将日益常态化。而敬畏是自律的开端，只有心存敬畏，才会知道什么可以做、什么坚决不能做。

作为一名法律界的专业人士，我认为，杰良在书中的深刻思考，可以当作对每一位企业家和职业经理人的提醒：敬畏法律，努力提高法律意识和法律素养，重视法律，完善企业法律服务制度，是经营管理好企业的必要条件。

中国律师研究所所长

2018 年 7 月 20 日

前言

这些年，你的职业进步了吗

职场这些年，过得真快，感触良多，我想应该有所回顾。当在时间里打开自己，许多人觉得自己被环境、现实所限制，实际上限制自己的，正是成长过程中烙印于内心深处的无形约束。我们的世界赋予速度和效率太多的荣誉及价值，对它们的追求使我们在自己生存的社会中感到些许动力与激情，以致把自己全面卷进了奋斗之中。

在这里，我只想理一理过去这些年发生在我内心的关于职业的思考，它们可以归结为一个核心问题：你进步了吗？

关于战略。何谓战略？为什么要有战略？战略的逻辑关系是什么？战略的定位需要哪方面的思考？如何建立管理标准与警戒风险？破字当头，立在其中吗？在利益碎片化、个人原子化、社会干燥化的时代里，你是盈利能力的设计师，还是商业模式的构建者？

关于管理。你敢批评你自己吗？你想保姆式抱团吗？有团队协作精神的需要吗？创新是拉开差距的原因吗？坚持责任是否建立在改变、持续、担当、共赢的基础之上呢？你是自由主义者还是保守主义者？你能平衡短期利益与长期利益吗？你承认管理层的价值是创造盈利、树立正确价值观及解决问题吗？责任是完整的、永恒的，战略是动态的、量化的，你认同吗？

关于职业。你职业吗？认同是从了解认同到促进认同再到分享认同的渐进过程吗？专业是态度、结果、授权、好奇、纪律的综合反映吗？职业的本质是什么？职业与职业化、职业经理人与职业事业人有何区别呢？理解计划、指标、考核、薪酬之间的循环模式吗？此模式是不是"势"能、"道"路、"术"略、"仁"治的循序过程？

关于能力。能力与财富合作了吗？在什么情况下你能建立责任与机会的关系？什么是面子与里子？诚信、责任、结果能代表面子还是里子？收获结果是对价值、目的负责吗？能区分效率与效能吗？能区别正确的事与正确地做事吗？能区别态度的认真与做事的认真吗？会经营时间吗？能建立自己的核心能力吗？对上有追随力、对下有领导力、对外有影响力、对内有执行力、对己有平衡力吗？

关于财务。看得懂报表吗？知道投入产出吗？关注资产优质了吗？注重成本的价值分析吗？会预算管理吗？可以把任何一个项目在短时间内算出基本回报？能遇到问题并及时找到解决方案吗？如何建立盈利通道里面的利润池？懂兼并、重组及收购吗？

关于学习。何谓学？为何学？学以用、学而思、学而长如何理解？凡事用即刻行动来解释执行力，对吗？跨界思维、积极面对、勇于探索、展现自信可以拥抱变化吗？你能掌控冲突管理吗？若有冲突你是采取回避、谦让、妥协、竞争，还是合作的方式？你能把学习作为一种洗涤心灵获取进步的乐趣吗？

以上种种，不管对与错、深与浅，我是很认真地思考过，也想明了，甚至躬身践行多年。就此论过，与君分享交流。

目　录

第一篇　职业之本

第二篇 职业之心

第三篇 职业之力

第四篇　职业之思

第五篇　职业之悟

职业之本

企业战略思考

如何制定和执行企业战略，我谈谈自己的思考。

企业战略是企业最高管理层发展事业和指挥企业的最高行动指南。企业战略需要回答企业在未来将遵循何种原则、模式及策略，以使企业的长期利益达到最大化，是以企业家为核心的高层团队实现人生理想、追求事业和体现社会价值的基本路径，也是企业由机会型成功走向战略型成功的重要转折点。

任何具有一定规模的企业都肩负着一个基本的使命：领航旗下各个产业的整合发展。如何对控股范围内各产业板块进行中长期的战略规划与决策安排，是一家企业的基本管理职能。

何为战略？

战略是什么？学者、专家有很多解释和定义。

企业战略专家、畅销书作家姜汝祥先生认为战略是选择、是道路。也有人认为战略是定位，是定位的扩展。

哈佛商学院终身教授迈克尔·波特（Michael Porter）认为，战略是竞争优势，是企业如何在战略规划中找到自己的核心竞争力。

曾鸣先生认为，战略是在想做、可做、能做当中找到该做的事。想做是使命、愿景；可做是机会把握，找到真正值得做的事；能做是对能力和资源的判断，即战略的执行能力。

我认为，战略是设计、是持续。有战略的企业不一定优秀，但没有战略的企业一定不会有多优秀。事实上，优秀的企业都是有战略的，只是有的企业没有形成书面文字，而是在最高管理层的头脑里，在日常管理的行动中。战略是需要持续的，要对既定的目标坚持不懈的追求。

企业为什么要有战略？

战略是企业家的选择，是要做一个有钱的人，还是一个有钱的企业家？企业家是需要有影响力的。很欣慰，我管理的企业作出了坚持有战略的明智选择。

战略支撑起投资者的梦想与职业经理人的理想。投资者需要持续、稳定增长的盈利与投资回报。职业经理人要改变现状，要有发展的道路与事业的平台。战略是战术的需求。战略处理宏观的、整体的、务虚的事情，战术处理微观的、局部的、务实的事情，两者相辅相成，没有战略就没有战术。

　　战略是职业化道路的需要。职业化的道路非常艰辛，从我主张并推行企业职业化管理二十多年的经验看，职业化能否提高效率与效益，更多的在于是否敢于自我革新，而战略正是设计出自我革新之路。职业化事在人为，基本的是克服认同，感悟专业和理解职业。

　　战略是确立核心竞争力的需要。每一家企业的发展，都有自身特质的功劳。不少企业在规模、市场份额、盈利能力上未能实现突破，原因就是缺乏核心竞争力，这就需要设定战略，挖掘并培育战略使企业发展起来。

　　战略是统一组织语言与口径的需要。企业从几个人、几十个人发展到几千几万人，这个过程需要逐步形成共同语言，要有统一的价值观，各级企业思想要统一，只有形成合力才会更有效率，这就要求企业管理者要站在战略整体的角度去思考。

战略的基本思路

　　战略不能闭门造车，不能凭空想象，它需要对内外部宏观与微观的环境做分析与评估，包括行业的、中国的、世界的，通过SWOT分析，形成对内外部环境的基本认知与判断。

　　战略的总体定位，战略的核心是定位与目标。企业需要什么使命、需要什么愿景、需要什么目标，企业怎么定位、核心文化是什么。厘清这些就确定了企业战略的定位与目标。

战略的业务安排与职能安排。定位有了，目标有了，接下来就需要有业务安排，战略的职能安排则要保证业务的需要。

战略的策略、实施与保障。战略如何落地，如何实施，这就是策略。

战略的风险与应对措施。战略是有风险的，企业在存量管理、应收款管理、现金保有量管理、财务杠杆管理等方面都设定了哪些警戒线，面对诸多风险，企业有何应对措施。

战略的不确定性因素。战略离不开股东、管理团队的认知与支持，经济形势与产业环境的变化，人财物资源配置的瓶颈与困难，职业化回归等，都可能对战略造成不确定性的影响。

战略的财务测算原则

战略目标是通过数字来设定的，数字是简单的，但数字的背后，需要企业付出很多努力，克服很多困难，企业需要为自己的未来积极系统地思考。这些数字是需要分解的，从企业到个人，从年到月再到周，层层分解，节节分解，这就是战略的魅力。

战略整体要努力遵循积极的业务安排和稳健的财务规划。对战略的指标进行分解并没有想象的那么困难。但战略是讲持续、讲坚持的，它需要管理者有锲而不舍的精神力量；需要时刻关注、时刻想起企业有很清晰的战略要执行；需要管理者找到利润池，努力切换和创新盈利模式；需要企业做好现金流管理，做好存货的管理，让企业永葆活力；需要尽一切办法找到合理的配置资源及快速提供解决困难的方案。

战略的局限

战略是一张纸，战略能否实现最终得靠人去执行，战略的局限或者说困难在于：

需要协调人与数字的关系，在舍得之间去创造；需要协调得与失，人会骗人，但数字不会骗人，这就是数字的魅力，这就是结果导向的魅力，所以企业对待数据要严谨，要实事求是。

变革的牺牲如同创新的破坏，变革是要付出代价的。企业要有价值观的基本认同，职业化的基本认同，要去除把习惯当成制度的陋习，自我革新，自我进步，充满热情，才能保证战略落地。

激励机制与信托责任并重。企业都讲激励，要体现价值，要获得更多，但更多的背后是什么呢？这是一个导向问题，如何建立激励机制与信托责任并重的职业经理人的制度、机制，这方面每家企业都要坚定地走下去。一家企业，管理人员不能只求激励不讲责任，激励要建立在责任与结果的基础上。

保姆式的抱团文化会影响战略，根据我的观察，现在很多企业一级授权还可以，二级授权就很难开展，依赖性重，上级对下属不放心，下属指望上级把一切都安排好，上下级抱成一团对抗既定的流程，试问在权力与流程中哪一个更重要？

批评别人比想象自己容易。宽于待己，严于律人，这在各企业都存在，管理者要承担管理责任，对他人多一些理解、帮助与支持，少一些批评、指责与埋怨，管理者在承担责任时要当自己是领导，具体经办时要当自己是办事员。

执行的决心。战略不是一蹴而就的，需要认真执行与长久坚持的定力，需要一起商讨，达至高度的统一与协同，战略能否最终实现，就看执行的决心有多大。

战略要求

在一家企业，战略是你的、我的也是全体成员的，企业的每个人都要扮演有用的角色。战略表面上看是董事会、股东会的事，其实是你我每一个员工的事，与你我息息相关。企业全员是一个团队、一个整体，正是因为有团队成员的差异性与互补性，每个人扮演好自己的角色，企业才能完成看似不可能完成的任务。企业反对个人英雄主义，反对英雄式的指点江山，提倡发挥每个人的优点，包容他人的不足。

认同的互动感化。鼓励通过正式的渠道，反复地思考，反复地沟通，充分地讨论，充分地理解战略，不要在理解中误会或在误会中理解，作为企业的组织成员，都需要感化、感动、鼓励和帮助。

责任是完整的、永恒的，战略是动态的、量化的。责任使人进步，越愿承担责任，越能体现他的价值；每个人都要有对战略执行的欲望，都要有进步的欲望，进步的欲望越强烈越能体现它的价值；我们要处理好责任与权利的关系，责任多一点，权利少一点，快乐多一点。

创新是拉开差距的原因。企业与国家一样，永远需要创新，尤其是研发与营销，创新是不可复制的，创新是每时每刻的，创新会带来一些建设性的破坏，创新更会带来增值。

以原则为中心，终结权谋时代。原则就如姜汝祥先生所提的：结果提前，自我退后；锁定目标，专注重复；认真第一，聪明第二。终结权谋，尽量避免消耗，确立标准、流程与原则。

充满激情地面对战略。简单是一种美，在简单、阳光、透明的体制下，找到组织成员的优势，激情饱满地发挥他们的长处，一步一步地展示战略。

战略明确了方向、思路与责任，就值得企业和企业成员长期坚持努力。

破与立

对破与立，大众比较熟的是项羽的破釜沉舟，不破不立，破而后立，不生则死。唐朝文学大家韩愈在古文运动中提倡不破不立，不塞不流，不止不行，后世"破"与"立"的辩证思想仍在不断发展。

破与立的关系

"破"是指"破除""破局"，"立"是指"建立"。"破"和"立"简单来说，就是破坏与重建，除旧与布新的关系。破、立的对象可以是思想、体制、秩序等任何东西。

理解破与立必须注意两点：一是强调时间的顺序，先破后立，破字当头，立在其中，不先破除某些旧的东西，就没办法替换某些新的东西，若是把某些旧的东西全都破掉，那么也就能全部替换上新的东西；二是破、立两者之间的平衡，有破就必须有立，只破坏，没有重建，留下一堆烂摊子，这是失衡的体现，在破坏的基础上能换上更好、更成功的东西，才是关键所在。

破与立是发展的基础

破与立对立统一的矛盾关系，是事物前进发展的基础。任何事物在发展至一定阶段后，都将遭遇困惑和瓶颈，原来支撑它前进的力量反过来就成了制约它的力量，这时候就需要建设性地破坏制约它的力量，找到新的前进动力。回顾历史，我们会发现，大至社会潮流的发展，小至个人工作与生活的进步，其实都是破与立交织的过程。

从大的方面看，当今世界格局的形成，正是破与立的典范。第二次世界大战是彻底的破坏，之后建立的布雷顿森林体系（终止于1973年），奠定了曾经两超多强，现今一超多强的政治格局和经济格局。

中国40年的改革开放之路，也是一个艰苦的破与立的过程。毛泽东领导中国人民彻底改变自己的命运和国家面貌，邓小平于此基础上推行改革开放，进一步解放思想，走出一条符合国情、举世瞩目的道路。

2014年7月，习近平主席出席金砖国家领导人会晤，商讨建立金砖银行，这是对原有的国际货币金融体系的冲击和平衡，是"破"的过程，也是建立新金融体系，争夺世界话语权的一次尝试，是"立"的过程。

从小的方面看，破与立时时发生在我们身边，企业的经营管理，就是不断在破与立的过程中切换和前进的。在管理中，随企业发展而发生的战略调整、旧制度的废除和新制度的更新、正常的人才交替和生产技术的除旧布新，都是在破和立。不破不立，企业发展无从讲起。

个人的工作和生活也是破、立交替不断。辞去旧工作是破，找到新工作是立；淘汰落后的专业知识是破，充电提升是立；放弃安逸是破，接受新的挑战是立；离开原来的环境是破，在全新的环境中改变和适应是立……人生与工作就是如此，逆水行舟，不进则退，不破不足以发现自身的不足，不立不足以发掘自身的潜力。破立之间，攀登新的高峰，领略更美好的光景。

企业的破与立

企业的发展就是破、立不断交替的过程。企业的每一次大发展都是破与立转换的结果。

当企业陷入困局时，可以于不利环境中迅速调整重心，理清思路、摆脱包袱，从一系列冗重的任务中脱身而出，提前锁定经营目标，换来充足的现金流和充沛的精力，就能成功实现破局。

从战略全局上说，企业要"立"，必须实现战略的调整和商业模式的策定，明确未来的战略发展思路，探索建立长期、稳定的盈利模式。

从文化上说，随着环境的变化和战略的调整，要提炼出更适合企业发展的使命和愿景，积极引入迫切需要的正能量价值观，使团队更具有凝聚力和战斗力，更有归属感和认同感，从而感受到更多幸福和快乐。

从管理上说，"立"是一个长期和具体的过程：包括制度的优化和梳理，人才队伍经历破局时的流失后在新战略下的重建，流程的扁平化和高效化，业务项目重心的调整和管理思想、管理方法、业务技术上的创新，等等。

诱惑与选择

破而当立，道理人人皆知，但破、立转换中的阵痛，却未必人人喜欢。在转换调整期，有人失望，有人失落，也有人深受鼓舞。趋利避害是人的本性，但能够从人性的束缚中破局，树立坚定信心的人，更能大破大立，升华蜕变。

钱锺书形容围城世界是"外面的人想进来，里面的人想出去"。站在围城里看外面，外面的世界很精彩，诱惑满天，但其中的陷阱和艰辛却不为人知。不停地选择，或许意味着更多的机会，但更可能是更多的后悔，唯有保持专注的人，才真正成熟！

变革为何

变革为何，想法纷纷，遂执笔。

变革是从战略开始的。战略是一种选择与设计，在选择与设计该做的事件上确定清晰的定位，这就如每个人去设计自己的人生一样，可能面临成与败的考验。即使这样，仍旧需要给变革的设计一种强迫感，一种勇气、信心及决心。

公司的变革，是在继承与发扬的辩证原则下实现创新，是要不断地在肯定与否定之中寻求平衡。首先我们需要设置组织架构，用来解决人才、管理、发展问题。不管企业发展到何种程度，至少要设计一种组织架构可以维持五年乃至十年，当然这其中也会去做微调处理。接下来我们大刀阔斧地对管理进行变革，制定了适合市场游戏规则下的现代企业管理制度，这是职业化发展的需要，也是保证有效执行的需要。在这过程中，有些员工不见得能理解，特别是在工作计划管理、绩效薪酬管理、出勤管理、流程管理等方面。工作计划管理是以目标结果为导向的，督促每个人在有限时间内去完成关键目标；绩效薪酬管理主要是解决计划、指标、考核、薪酬四个环节保持一致性的协调；出勤管理是解决自律与对企业文化的认同；流程管理是解决团队管理的协调效率。我们经常强调，每个人都要有进步的欲望，企业同样是这样，不希望把制度高高挂在墙上，需要通过企业的进步展现制度的严肃性与重要性。

变革更离不开系统性。面对现实的困惑："急功近利"与"外来和尚"关系协调是企业通病？流程再造的授权与尊重人的程度不匹配？组织变革的勇气与变革力量的支持有差距？文化的进步能否保证规模的进步？中高层管理者的专业与职业化有冲突？作为企业，始终要树立一种观念，对公司的同事（包括已离开的）怀着感恩的心，在设定的目标下快速推动，做一些正确的事，做一些有效的事，提升工作环境，给同事带来一种心情；诚信与品牌是企业未来的根本，要不遗余力地力求改变现状与突破创新；建立办公自动化系统乃至协同商务平台，尽量让信息变革带来力量，促进效率的对称；建立战略银行合作，促进发展与健康；实现公司的全面预算管理，明确方向，建立真正务实的授权机制；反复强调职业与执行的重要，这是任何企业本身生存与发展的需要。我始终认为优秀的企业有优秀的行为，卓越的企业有卓越的行为；通过探索建立一个公司未来的盈利模式，先后启动各地各个产业项目，我相信规模可以支撑一个公司的裂变及对人才的渴求；当然还要同步建立全新的企业文化，其目的是要有共同价值观，只有认同了企业文化，每位员工才会有自己的生存空间。

没有变革就不会成长，就像不经历挫折就不会成熟一样。企业变革所迈出的任何一步，包含了多少汗水、泪水、心血、劳碌，唯有经历者自知。当有一天回顾往事，拥有的一切，皆来之不易。作为一个公司或者组织的成员，应该珍惜和善待既有的一切，永葆创业的激情和不屈的信念，为进一步发展跨越，再造一个奇迹。尽管在前进过程中有一些困惑，如责任心问题、沟通畅通问题、流程多头问题、梯队建设问题、待遇问题等。这是每一家企业在前进中都会遇到的问题，但也一定会在企业的进步中得到合理解决，作为企业管理的职业人，要相信组织的智慧，也要相信组织成员的能力，这样一切问题都将得到解决。

在这里，我还有一些关于变革的延伸思考。

一是如何学会自我与自发地工作？

人的天性存在懒惰与贪欲，建立标准与自律是每个人所必需的，尽管工作可能是解决生存的需要，也可能是解决事业的需要，但不管怎样，我们都需要学会打理自己，学会树立方向，学会有强迫意识，因为每个人都想去改变点什么，都想去对个人、对公司贡献点什么，只有学会自我与自发地工作，而且是发自内心地去承担责任，才会有用。

二是如何选择职业与人性？

这是每个人的心理矛盾冲突，职业与人性基本是两条平行线，如果确定公司选择走职业化道路，而且是持续发展的，可想而知，那每个人都必须非常规范地要求自己职业化，那流程就顺了，所有的关系也就简单了，每个人都得到了尊重，或许那个时候我们都说，这公司真人性！

三是如何进入快乐状态？

按我的理解，快乐是一种心态。我们不能一味地追求压力，你有压力我有压力，人人都有压力，这是道不尽的。我们更应该看到的是用激情去化解压力，将其变成一种有用的结果去分享，不要成天抱着埋怨或困惑去面对工作。我主张一家公司的宗旨是让每一位员工快乐地工作着，而不是抱怨这不对那不是。否则，任何一个员工都有权利选择离开。

四是如何提高团队战斗力？

一家公司一定要培养出一支拉得出去打硬仗的队伍，这很重要，但关键是如何组建队伍。我想只有"用心"二字，通过不断地磨合，不断地沟通交流，不断地引进适合自身发展的人才，我相信假以时日一定会建立两支、三支甚至更多有战斗力的管理团队，这才是一家企业的未来。

五是如何处理好自我格局？

首先，每一位管理者都要承担管理责任，我们一定要把某种大于我们自身的东西作为参照物，这样才会快速进步。其次，我们要充分尊重团队的力量，只有合作才会双赢乃至多赢。再次，我们要平衡整体与局部、大我与小我、公与私，只有这样公司才能够提供更多个人事业的成就空间。

无志之人常立志，有志之人立长志。企业变革的终极目标是带来命运改变和希望，我们都希望一家公司不要成为昙花一现的明星，而要做百年老店，做长寿企业。每个公司都希望十年、二十年后进入自己的时代，这样当回顾往事的时候，会为自己曾是创业亲历者而感到激动、感到自豪！

坚持点什么

这个话题看起来有些沉重，但我还是想聊一聊我的思考。在做人做事做管理的各个方面，我们都需要坚持点什么。

记得读中学的时候，我的母亲对我说过一句话：希望你长大以后，头不要顶着太阳，脚不要踩着泥巴。我的人生可能就此埋下了坚持的种子。

在生活中，每个人似乎都在坚持点什么，有人为了面子而坚持，也有人为了尊严或追求而坚持。虽然坚持的表现形式丰富多彩，结果也可能截然不同，但本质是一样的。

那么，在企业我们又需要坚持点什么呢？

坚持有战略。每个人自从懂事开始都有些梦想，长大自然就有了理想、目标、计划，但这些都不能否定战略的存在，战略是一种选择，是在想做、可做、能做之中找到该做的事，其本质包含了预见与前瞻。一家公司确定一个十年的企业文化和企业战略，有些人不理解，一年把一年的事做好了就行了，何必这么复杂？这是因为公司不能迷失方向，每个成员更不能失去期盼。我们老说做人要定位，其实也就是这个道理。

坚持职业化。谈职业化应该从宏观到微观、从整体到局部、从复杂到简单、从全局到细节都有一个清晰的认识，职业化的本质是认同、专业、职业，但很多企业往往在实际行动中忽视了其中的一面，一家公司走职业化之路，是由投资者、管理团队及时代的需求所决定的，只有选择坚持，没有退路。

坚持有态度。不管职业化道路有多么艰辛，企业都必须有个清晰的态度；不管工作是为了生活、事业或理想，我们都必须有恒心；不管沟通讨论多么激烈，我们都必须有一个宽容的态度；不管是开心或假装快乐，我们都必须有一个坦荡的态度；不管工作项目遇到了多大的困难或挫折，我们都必须有一个乐观的态度；不管管理遇到了多大的挑战，我们都必须有进步的态度。态度与能力无关，态度要在与自我的抗衡中找到平衡。

坚持结果导向。企业要树立一个先讲结果再讲过程的管理理念，尤其在一个人人渴求财富、人人追求进步的时代，企业必须先有结果，企业的成员才能有结果。只有以有结果为前提，我们才能追求更好更有质量的结果；只有以结果为前提来承担结果风险，我们才能看到进步与质变，我们才能从中分享价值的增值。

坚持持续。其实，持续就在企业的每一位成员身边，关键在于你是否有所发现或坚持。持续可以走高也可以走低，这就要求我们每一位企业成员要学会思考，学会领悟，学会有勇气去面对或判断，这样才能真正找到持续的重要性与力量，才能真正找到持续的精髓。

坚持时间管理。时间如海绵里的水，这道理谁都懂。那如何做好总结与计划？如何做到考核有质量？如何做到项目进度有控制？如何经营好每一天？这些对每一位职业人来讲都是一个考验。因为时间有压迫性、有挑战性、有证明性、有盘点性，只有认真对待，才能合理利用。

坚持在商言商，用商人的理念做实事。我经常在想，假如每一位员工都把自己当成总裁，企业将会怎样？企业有合作伙伴、有战略伙伴、有事业伙伴，但我们经常少问了自己一句：我用商人的理念做事了吗？我把每位同事都当成了自己的客户吗？因此，做事我们需要有规则，我们需要有思路，我们需要有解决方案。当然，更需要我们有利益价值，而且是双赢。

坚持原则底线。原则很广泛，这里指的主要是道德底线。作为职业人，谁都会面临处理大与小、内与外、我与他、重要与不重要、战略与规划及计划等事项，这就需要能摆在台面评理的原则底线，如此才会体现公司的品格，我们只有做到了坚持，才能体现自己的品格与智慧。

坚持利益最大化。企业的目标是利益增值、持续发展，尤其是每一名管理者，面对市场的诱惑，面对客户的谈判技巧，面对不同行业的攀比，面对客户、投资者、员工、社会等各方的需求，更需要管理者有定力，更需要管理者有承诺的责任，更需要管理者在处理各项事务当中在有思考的前提下坚持利益最大化，坚持共赢局面。

坚持管理者承担管理责任。管理是制定目标以及满足需要，管理者是通过他人来完成任务的人。在实际的管理中，我们经常忽视下属承担的责任，总觉得是别人的事，与我无关。人是挑剔的，通常抛弃那些不以为然的事实，而选择那些能够安抚自己的事实，这就要每一位管理者拿出勇气与承诺，来承担自己的管理责任，值得与不值得，这便是问题所在。

坚持学习。学习是一种态度，学习是一种习惯，昨天的辉煌并不意味着明天的成功，学习是一种动力，我们要求自己在准过去与准未来中始终能够找到平衡。任何企业都应该具备的一个目标，便是建成一个充满活力的学习型组织，这就更需要我们养成终生充电的习惯，从中获取感悟与智慧，才能在问题发生之前就感觉到它的存在。

坚持分享与感恩。因为责任，每个职业人都是不容易的。我们生活在 CPI（居民消费价格指数）跑涨的年代，生活在一种没有良性的困难空间里，所以更要求我们坚持团队的分享，更要坚持永不停止的价值创造分享。既然世界已属于不满足的人们，我们更要学会感恩，学会宽容。只有坚持分享与感恩，才会比过去做得更好，才会比竞争者做得更好。

克服认同

在企业中，从人才引进到员工离开、从管理变革到工作推进、从计划总结到绩效考核、从目标责任到薪酬激励，"认同"二字如影相随。对于一家公司尤其是有志于推进职业化管理的公司来说，在体制、机制、组织、制度、流程等各项管理变革中，"认同"自始至终都是公司管理者的首要任务，也是变革成功的关键。

也许，公司的每一次变革的初期都会显得有成效，但要真正"神形合一"，"认同"依然是道坎。究竟何为认同？认同的表现形态有哪些？如何达到认同？认同能带来什么效果？大家在观念理解与现实行动上，或多或少存在一些困惑。

了解认同

"认同"是指人们不断克服自我主观意识，同化外在的事物或情感，以构建自身人格的过程。从心理学角度来说，认同是人类自我发展的重要渠道。但由于个人有不同环境和背景，不同的需求、判断和目标追求，认同表现的形态丰富多彩。

从主观程度看，有主动认同与被动认同之分，比如有的人出于热爱职业而全心投入工作，有的人是为了得到职位和薪酬而努力职业化；也有根本认同与非根本认同之分，比如有人高度赞同变革且能从自我做起，堪称职业化表率，有人则嘴上"坚决拥护变革"，当变革到自我时，则选择逃避。凡此种种，不一而足。

内容决定形式，形式为内容服务。借助唯物辩证法分析工具，我们很容易看出形式上的认同与内心上的认同在本质和管理效果上有本质的区别。形式上的认同会造成管理者要么忙于"救火"，要么陷于无休止的"博弈"之中。在任何企业的职业化推进过程中，形式主义都必然会存在，原因就是有些员工尤其是管理层不能做到对职业化有主动和根本的认同，没有这个基石，就等于失去了实行职业化的前提，必将造成企业付出管理和绩效倒退的代价。

促进认同

员工来自全国各地，背景、主观选择和追求各不相同，如何让大家"志同道合"，并能共谋共创共同奋斗？这需要管理者对认同产生的过程有清晰的把握，并在实践中促进认同。

第一步，建立参照系。管理者必须充分了解员工的胜任能力，在过去成功经验和现有能力的基础上，引导员工设定具备先进性和可实现性的指标及目标，形成心目中的"镜子"，促进员工进行自我反思，产生主观追求及目标选择的需求。

第二步，强化双赢体验。坚定不移、坚持不懈地建立起与企业文化高度一致的制度体系与奖惩机制，令员工在做出符合文化的行为、达到"参考系"的指标时，体验到自我收益包括物质回报、成长、成就和荣誉感与企业收益如绩效实现的双赢。不断以管理层对规则和流程的坚持，来强化员工对企业制度与机制的信心。

第三步，平衡机遇与风险。机遇与风险组成了企业经营的全过程，员工也置身其中，管理者必须"身先士卒"承担责任和风险，而将机遇给予下属。以"勇于承担风险、甘于奉献机遇"的形象树立起管理权威，令员工产生安全感和归属感。

第四步，促进自我实现。根据"马斯洛需求层次"理论，人的最高需求是"自我实现"，如果能通过目标管理与工作辅导、培训与发展体系、绩效管理与激励机制帮助员工实现追求和成长理想，则员工自然会对这家企业及其所推行管理模式产生主动和根本性认同。

综言之，要实现员工的主动与根本性认同，企业必须在指标与目标引导、制度坚持、管理者职业化表率以及员工成长和发展方面去努力。

分享认同

那么，主动和根本性的认同将带来什么效果？员工和企业可以在高度的认同中分享些什么？

认同，将使员工不仅在行为上，而且能在观念、思维方式、价值观等诸多方面与企业文化保持高度的一致性。

认同，将使员工享受自己在企业中的生活和工作，体验既有理性的契约和责任感，也有非理性的归属和依赖感。

认同，将使员工能够理智地看待并且接受自我以及外界的事物，能够精力充沛，热爱工作，不会沉浸在叹息和抱怨之中，保持奋发向上、积极而独立的状态。

认同，将使员工有明确的目标，并且在追求和逐渐接近目标的过程中体会到自我的价值以及社会的承认，从而巩固自信与自尊。

认同，将使员工在上述心理基础上，对本岗位工作和企业一切经营管理活动始终保持尽心尽力的行为。

认同，将使企业在管理中得以贯彻"双赢"理念与机制，实现企业与员工关系的契合，进而实现企业与员工的共同发展。

认同，将使一家企业的核心价值观得到真正落实和贯彻，进而推动实现企业的远景目标。

对每个人而言，认同确实是一道坎。我们需要有勇气去面对，面对自己的价值观和世界观，进而做好充分的创新准备，寻找志同道合的伙伴。

只要我们发自内心地付出，认同这道坎一定会被彻头彻尾地克服，企业一定会形成一种声音，汇成一句话，企业也将在认同的职业化道路上有所作为。

克服诸侯状态

在一些公司，我们经常会听到"某某某是谁的人""某某某又是谁的亲信"之类的声音，甚至有人议论称："某些同事跟某总一起吃饭的次数多，肯定是某总的人。"

事实是不是如此，当然有待实际求证。但这引发了我对企业管理中"诸侯状态"的思考。

诸侯状态和诸侯文化

诸侯状态顾名思义，就是"诸侯割据，占地为王"。不可否认，诸侯状态是企业发展到一定阶段后的必然产物。在权力的影响下，各种利益群体相继出现，或另立山头，或游离于组织之外，架空公司这个"母体"。

诸侯代表的是局部或某个团体的利益，处理事情不以公平、公开、公正为准则，一切以其代表的利益为重。当诸侯状态继续发醇，团体的利益诉求点与公司提倡的价值观不吻合时，代表诸侯利益的声音就会酝酿出现，它推行的是与公司使命、愿景、价值观不一致的东西，这就是俗称的"诸侯文化"，也叫"亚文化"。

诸侯文化与公司的企业文化背道而驰，格格不入。企业要稳中求进，只需要一个声音：统一的使命、统一的目标、统一的价值观，过多的声音会干扰影响企业的决策，削弱企业文化的影响力。诸侯文化恰恰就是破坏企业文化统一性和权威性的不和谐之声，时刻对企业文化形成冲击，并试图取而代之。

诸侯与授权有本质区别

诸侯与授权，看似有相似之处，其实有本质区别。尽管它们都强调权力的运用，但诸侯本质上是个人主义、小团体主义发展到极端的一种体现，行使的是利己而不加节制的权力，而授权更强调在维护全局利益前提下，在制度范围内合理、适度地分享权力。

在诸侯状态中，团队和个人将出现两种现象：诸侯行为和诸侯心理。诸侯行为表现为不合作、不分享、不考虑大局、利己损他，事事总以自己说了算。诸侯心理的表现是避开公司的制度，避开公司的流程，避开公司的文化，找到心中的"帮"，大搞山头主义。

诸侯行为和诸侯心理对企业危害极大，如果放任自流，结果将是削弱公司合力，弱化公司文化，造成团队分裂，成为团队凝聚的阻力，进而与职业化背道而驰，走进权力时代，导致团队效率下降，协作 1+1<2，冲击战略，对战略的执行贯彻造成阻碍，增加战略实施的难度和成本，需要更多时间、经验和精力来解决方案下的行动计划。

授权与诸侯相反，它寻求的是责权利的平衡，在制度框架内实现管理有度、管控有序，持经达变，确保权力之间的平衡。

提倡受权 反对诸侯

一家追求健康可持续发展的公司当然是不提倡诸侯割据的。相反，它会希望在受权范围内，员工能充分运用权力，使权力在制度的"笼子"中可管控，可监督，可大用，更好地服务于公司发展。

合理的授权，应该是权力约束和能力成长的结合。

首先，要受权就应该相互沟通，相互承担责任。受权不是乾纲独断，权力越大，担负的责任越大，凡事互通有无，精诚合作，互相承担责任，才不会辜负公司的托付和下属的期望。

其次，受权能让能力在运用和分享的过程中强化出来。要充分运用授权，在利他范围内充分施展能力才华，与他人分享能力带来的好处，享受能力的成长。不可在利己范围内滥用才华，损害团队的利益，造成"能力越大，危害越大"的尴尬局面。

再次，为了迎接受权，要随时建立和探讨自己的核心能力。缺乏核心能力的人，不足以承担权力带来的重任，在行使权力的过程中，必然遭遇质疑、掣肘，最后折戟沉沙，辜负大家期望。

企业需要明星，更需要团队式的英雄。团队中只有英雄的个人是不够的，如果要产生有利于公司整体的高效率，就要发挥出团队整体协同作战的能力。只有将英雄的个人变成英雄的团队，组织的战斗力才会持久。

企业不提倡权力孤岛，把诸侯文化克服在萌芽状态。权力一旦失去制约，诸侯文化将大行其道，党争四起，部门壁垒林立，团队濒临分裂。只有将权力关进制度的"笼子"，使其得到严格的监督和制约，权力才能安全、合理地被行使。

在企业里，每一名员工都是值得珍惜的，没有亲疏之分。一家公司的文化理念、管理体制、管控体系、规章制度，甚至是办公场地的装修设计，都是公司管理团队带着大家建立并营造的，凝聚着大家的心血智慧。谁都没有理由自毁长城，搞小团体主义，破坏公司的文化和制度，更不应该让公司出现派系林立的诸侯状态，影响内部的团结。只有把诸侯的影响力降到最低，制度与管理才可望得到创新，战略才会靠战术落地。

心相通 力相聚

在这里，我们来谈谈如何加强团队融合。

企业无"人"则"止"，人是第一生产力，但人又是一种有复杂情感的动物，人与人之间需要有不断地交流沟通，再加上互相协作的实践活动，才会在彼此间产生认同和默契，这种认同和默契铸就了真正的团队。

企业组织团队融合活动的过程，能让每个人都不由自主地做到全身心融入，不分彼此，心中只有同一个信念和目标；才能让成员一次次地体验团队智慧的力量、团队激情的力量、团队协作的力量；也能让成员一次次感动于每个人的忘我与投入、理解和信任。

我们总说"没有完美的个人，只有完美的团队"这句话，但只有真正置身其中，才会有更深刻的体悟。在组织中，个人与个人之间、个人与团队之间、团队与团队之间、小团队与大团队之间，有太多的变量、交集和困惑，这些都是我们必须要面对的，也是影响企业绩效和长远发展的重大问题。团队融合活动，也能让成员对组织内部的层级、沟通、流程、规则、文化、冲突、矛盾有更多的认识和切身的体验。而且，在团队融合活动的过程中，大家有机会踊跃发言和分享，这能激发每个人都用心思考并总结经验与教训。

职业化管理是"简单、阳光、透明"的集中体现，但"简单"并不意味着没有流程和规则；"阳光"也不意味着不需要沟通、协调和监控；"透明"更不意味着没有责任与随意行事。这些在企业现实管理中不断发生并经常困惑着我们的问题，通过"军事训练""沟通制胜""孤岛求生""搬运核弹""尖峰时刻"等活动真实地还原出企业内部的管理情境，令参与者深有感慨，并引发反思。

训练游戏中，可以反复失败和重来，但在现实中，能给予企业的机会往往只有一次。职业经理人及其管理的价值，就在于让企业能随时做好准备，在企业面临机会时，最大限度地提高成功概率。因此，如果期望事业成功，企业不但要有很好的策划(即战略)、有力的决策者(高层团队)和高效率的执行力(中、基层团队)，更要有良好的管理规则(制度流程)和管理文化。这就是职业经理人的基本使命。

企业的成功，离不开责任、使命感和希望，更离不开每个成员的协作精神和忘我精神。全情投入，心相通，力相聚，企业为之奋斗的事业就一定会走向成功。

面子与里子

　　牛年春晚，赵本山带领他的弟子小沈阳与丫蛋和毕福剑一起演了一出小品叫《不差钱》，相信大家印象深刻。他们四人朴实、本色而又生动的表演赚足了眼球，令人捧腹。前些日子再看，觉得该小品不仅是令人发笑这么简单，同时活灵活现、惟妙惟肖地揭示了当今社会两类丑陋的文化现象：一是攀权附贵，赵本山、小沈阳与丫蛋为了能上《星光大道》，都称他们家姥爷也姓毕。一是面子文化，小品里的赵本山是一个吝啬且并不富裕的老农民，赵本山给了小沈阳 230 元小费，他告诉小沈阳配合自己，既要点菜时让自己在老毕面前显得慷慨和富有，又要让自己实际上不能太破费，按赵本山的话说叫"给足面子"。小品在两人问答之间、举手投足之间充满了令人会心的、讽刺十足的笑料。中国人的"死要面子活受罪"，在这个小品里可谓表现得淋漓尽致，让人回味。

　　笑过之后，回到现实，联想到我们的企业，且不说攀权附贵，单说面子文化，似乎已有蔓延之势，且表现形式诸多，有必要在此作一番深入的剖析。

面子文化的表现之一是缺乏诚信。表现形式有文过饰非，粉饰太平；虚与委蛇，人前一套，人后一套；好大喜功，报喜不报忧。骗取领导信任，获得奖励、升职与加薪，造成老实人吃亏，圆滑人得益，进而造成内部不公、工作不力、投机取巧、不求结果。面子文化与我们普遍倡导的诚信文化背道而驰。

面子文化的表现之二是缺乏理性。缺乏理性，不求真务实，唯上，不唯实。我们有些人，自尊心非常强，十分注重别人对自己的看法与评价，在沟通与讨论问题时，忘了目的，只为保面子，争口气，而争论不休，以致在激烈的争吵过后，伤了感情，有了成见。讨论问题本应就事论事，解决问题，然而他们争的不是道理，而是面子。在企业里有些人十分善于"做人"，他们通常都是善于顾及他人面子的人，他们会为了在公开场合不驳别人的面子，明明不同意却不提出反对的意见和建议，甚至是为了给别人面子，而表示赞同这个方案。其结果是，有些方案，只要领导发了话，未经充分讨论就轻松通过了。更糟糕的结果是，轻松通过的方案，又被轻松地搁置与不执行了，因为领导者的面子被照顾了，领导者也需要照顾下属和同事的面子，这样一来，"不执行"也不会有什么问题。如此"相互照顾面子"，企业怎么可能有执行力呢？因此，有人说"老外开会，会上可能有 10 种声音，但会后只有 1 种声音；中国人开会，会上没人说话，但会后可能有 10 种声音。很多老板开会结束时通常会问'大家还有什么意见'。会场全体沉默。然而一出会议室，跑到自己办公室，门一关，他们就开始开部门小会了"。如此一来，我们不但找不到解决问题的办法，甚至没有问题都造出问题来了，更别谈执行了。面子文化与我们所倡导的责任文化与执行文化南辕北辙。

面子文化的表现之三是保守自卑。我们有些人"批评别人是行家，自我批评变哑巴"，这叫作批评别人比想象自己容易。他们害怕被批评，一听到批评就不高兴，感觉伤了面子与自尊。殊不知我们倡导的批评是对事不对人，这是尊重。照顾面子与尊重不可等同。我们有些人害怕监督、害怕审计，认为监督就是不信任，审出问题会使自己没面子。殊不知监督是保护，审计是促进改善，获得提升。我们有些人思想保守，不敢否定过去，不敢接受新观念，认为否定过去，就是自己过去没做好，没有面子。殊不知敢于否定是勇气，所谓知错能改，善莫大焉，否定自我，将赢得面子。他们保守是为了保护自己那虚妄的面子和骨子里的虚荣。这虚荣的背后，则是他们不愿承认不愿察觉的强烈的自卑心理。正因有了这强烈的自卑，他们才要顽固维护着那个毫无实际意义的可怜的颜面。面子文化侵蚀了我们解放思想、勇于尝试、直面失败、挑战自我、突破常规、超脱境界、敢于否定的精神。

面子文化的表现之四是形式主义。我们开会，本是要解决问题的，结果来到会议室的有相当数量的"点头先生""无嘴先生""哼哼先生""是是先生""诺诺先生"，他们极力顾全领导的面子或提案人的面子。其实我们要的是真诚的意见或建议，哪怕说得并不正确，哪怕是对领导意见的反驳，开会敢说敢言，敢讲真话的人，才是企业所需要的人才。很多企业搞绩效管理，本是要促进业绩提升的，然而不少流于形式化、面子化，好像是做给别人看的，有了问题不面对，只讲客观原因，不追究主观责任。很多企业搞企业文化，本来是要建立、培养、引导、促进员工对企业的认同，从而促进企业发展的，但同样也面子化了。面子文化动摇了我们的务实精神。

面子文化的表现之五是缺乏包容与互助的精神。我们有些人，隔岸观火，讨论问题不说话，事情过后看笑话，用别人的错证明自己的对，用别人的失误证明自己的能干。我们有些人，脑子里想的是个人的虚荣，下属有困难不主动伸出援手；下属没办好事，推卸自己的责任；下属有功劳，都是自己领导有方。我们有些人，听不得别人的批评与不同意见，必欲给人以"小鞋"穿，必欲去之而后快。我们有些人，对上是仰视、唯唯诺诺、不敢沟通，对下是俯视、高高在上、不愿沟通，殊不知团队是靠每一个个体有机结合起来的，每一个螺丝与部件都有其自身的价值。没有清洁工，也就没有我们卫生舒适的办公环境，"劳动最光荣"，毛泽东曾紧握铁人王进喜的手，刘少奇也曾紧握淘粪工时传祥的手。只有我们在尊重上级、尊重智慧的同时，尊重同事、尊重普通劳动者，只有我们摒弃面子观念，全身心地融入团队，怀有包容与互助的精神，我们的团队才会有无坚不摧的力量。

面子文化的表现之六是纵容姑息、相互包庇。面子背后讲的是人情法则，是人际关系的相互维持和利用，是彼此间利益的交换和满足。因而，工作完成不好，绩效考核照样可得"合格"二字；犯了错误，不愿承担责任，也不会有太多的处罚；出了问题，不直接面对，不追查到底；有制度，不认真执行。讲情面，放弃原则；讲情面，"你好、我好、大家好"；讲面子，"家丑不可外扬"，形成部门保护。其结果是，工作没做好，问题没解决，个人没进步，内部关系复杂化。面子文化，伤害的是阳光体制，伤害的是团队的整体利益，伤害的是企业的长远发展。

面子文化有诸多的表现形式与不良影响。它与我们的诚信文化背道而驰，它与我们的责任与执行文化南辕北辙，它动摇了我们的创新、务实与追求结果的精神，它伤害了我们的包容与互助精神，它打破了我们的阳光体制。因此，我们要暴露它，揭示它，让它无处可藏，从而树立我们的"里子"文化。

"里子"文化的精髓是什么？

是讲诚信。我们讲诚信是员工的立身之本，是企业基业长青之道。

是负责任。我们讲责任是与生俱来的，是人和企业生存所必须面对的，只有负责任的人，才能将工作做好，才能获得别人的尊重。

是求结果。我们讲完成任务是对程序、过程负责，而收获结果是对价值、目的负责。

是执行。我们讲认真第一、聪明第二，没有任何借口，信守承诺、永不言败、结果导向。

是解放思想。我们讲勇于尝试、直面失败、挑战自我，突破常规、超脱境界、敢于否定。

是务实。我们讲少说空话，多做实事，每天进步一点点，不让老实人吃亏。

是包容。我们讲理解他人，求同存异，主动沟通、携手共进，经常抱怨、指责的人，终将被团队抛弃，被世界孤立，被社会淘汰。

是互助。我们讲互助双赢、尊重他人，全局观念、整体利益。

是阳光体制，是组织简单且态度积极的团队。

里子文化是我们的诉求，要想破除面子文化，树立里子文化，我们的管理人员责任重大，因为他们掌握着组织里最大的资源，所以也就掌握着公司里最大的"面子"。只有我们的管理人员自己讲真话、要求讲真话，自己干实事、要求干实事，把不讲真话、开会不说话、会后不干活的人统统请出去，我们的面子文化才能被破除。

有了"里子"，何愁没有"面子"？敢于破除假"面子"，才能赢得真"面子"。

理解职业

职业的本质

2008 年金融海啸，华尔街上最多的是两种人：一种是因公司破产而失去岗位的金融精英，另一种人是猎头顾问，他们守候在各大金融机构的门口，积极地向那些端着纸箱走出门口的精英传递卡片和工作机会。甚至远在中国，也有人在号召企业组团去华尔街招揽人才。

尽管收入上会受到影响，但金融危机对于华尔街的精英来说，也许只不过是挪个位置办公而已。但董事长和 CEO（首席执行官）们的日子可有点艰难：他们失去了往日的体面，蒙受经济和名誉的双重损失，说不定还得接受 FBI（美国联邦调查局）调查。

这是一个高度职业化社会的典型表现，企业家通过投资和运营决策出售产品和服务，对经营和投资结果负责（事业使命）。职业经理人通过专业岗位工作出售知识和技能，对岗位所创造的价值负责（职业使命）。企业无法经营下去时，企业中的岗位就失去了创造价值的意义，但员工可以转移到另外一家企业继续创造价值。

作为一名现代职场人，每天都要与职业打交道，但许多人未必清楚什么是职业。有的人认为职业就是一种谋生的手段，也有人认为职业就是一份工作，这些也许各有道理。但对于职业经理人而言，职业的本质是创造价值。如果在此基础上再做一点延伸，我认为职业是一种状态和行为，是一种利他精神，甚至是一种智慧。

职业化的本质

既然职业是一种状态和行为，相对应的，职业化就是在一定工作状态下的标准化、规范化和制度化。职业的本质是创造价值，价值创造的源头是我们的客户，因此职业化就是服务客户、创造价值的过程，是从正确地做事到做正确的事、从追求效率到追求效能的过程。

企业的职业化指标很丰富，既包含了人的因素，如形象、技能、道德、态度、激情、责任等，又包含企业的规范、流程等细则。这些内容对于职业化来说，固然必要，但却不是职业化的本质。职业化的本质是认同、专业和职业，即认同职业范围内的共同价值观，具备职业要求的专业技能，并凭此不断创造价值。

职业与职业化

职业与职业化之间是因果和鱼水关系。没有职业，职业化无从谈起。没有职业化，员工与员工之间，员工与老板之间就无法建立信任通道，进而导致契约精神丧失、管理混乱、人才流失，企业失去活力。我的管理理念倡导"人才优先于资本"，也正是基于这一逻辑。在现今的中国企业界，我们也看到一种趋势，那就是从"老板不老板、职业不职业"向"老板努力职业化、职业经理人努力老板化"转变，二者相互信任，通过磨合、妥协和包容，彼此认同，并逐步产生默契，建立互信机制，企业的职业化程度也在不断提高。

如今的老板们开始讲究授权、放权、分享和按规则做事。而职业经理人也开始与老板们一起向往事业理想，也有了职业自豪感和受人尊重、自我实现的需求。

因此，企业职业化的基本前提是股东与职业经理人之间建立起相互信任的委托代理机制，股东据此充分授权，而职业经理人据此承担信托义务和责任，否则企业职业化的本源就会缺失。从这个角度讲，职业化的本质也是信托责任和委托代理契约。

在中国民营企业的职业化道路上，有成功也有失败。但原则和本质一直没有变，在信托责任和委托代理契约下让职业经理人创造价值，分享企业收益，是股东和职业经理人之间的双赢之道。

从职业工作人到职业事业人

回顾多年的职业生涯，观察周围工作的同事和朋友，我把职场人分为三种，也可视为成长的三个阶段，即职业工作人、职业经理人和职业事业人。

职业工作人，就是懵懵懂懂踏入职场，把工作仅仅作为谋生的手段，工作按部就班，靠压力推动取得结果，工作主动性不强、缺乏自驱力，工作没有激情、缺乏创新。

职业经理人，是长期将企业经营管理作为职业，掌握企业经营权并具备较高职业素质、职业能力和职业道德的人。职业经理人的角色是把企业从僵化或动荡的状态带入一种灵活又稳定的状态，并同步解决企业的风险、所有权财产保值增值及企业运营管理等问题。职业经理人要有计划、组织、指挥、协调、控制等诸多能力，是具有专业性、社会性和约束性的经理人，专业性是必要条件，社会性是充分条件，约束性是完全条件。合格的职业经理人最重要的特质有两点：一是专业化的职业能力，没有专业化能力，职业化管理就没有任何基础；二是职业道德，没有职业道德，得不到股东信赖，企业就无法对其委以重任。

职业事业人，就是能将自身利益与企业利益相融，能将自身职业发展与企业经营发展并轨，也能将自身价值与企业价值相统一的人，他们能够全身心地投入企业经营管理，创造性地工作。

在现代社会，几乎所有的职业人都是从职业工作人起步，随着对自身要求的提高，一部分人努力跳出职业工作人的水平线，成为职业经理人，再往后随着职业生涯的磨炼，又有一部分人再上一层楼，在成长性强、具有广阔发展前景的企业成长为职业事业人。

我们身边有四种人：其一是不经营自己，也不经营别人；其二是不经营自己，希望别人经营自己；其三是只经营自己，不经营别人；其四是既经营自己，也经营别人。想成长为职业经理人乃至职业事业人，就必须做到既能经营自己也能经营别人。职业经理人和职业事业人有一个共同的特点，就是他们不仅能经营自己也能经营他人，不仅对自己负责也对他人负责还能对企业负责。

马克·吐温有句名言：每个人都在谈论天气，但却没有一个人会对天气做些什么。现在的职场，很多人每天都在谈论职业化，谈论做职业经理人，但行动却远远不够。与其夸夸其谈，不如努力经营自己，真正用行动走出从职业工作人迈向职业事业人的第一步。

职业化关键词

针对企业职业化，我们可以从以下一些关键词丰富我们的理解。

第一，围绕目标，创造结果。结果必须可量化、有价值、可交换，不同的结果导致不同的人生，创造不同的结果，就能赢得不同的人生。

第二，持续执行，担当责任。持续即是坚持，执行要锁定目标，坚持不懈。担当责任是信守承诺，恪守契约精神，勇于承担自己的责任。一个团队，人越少责任越明确，人越多责任越模糊。而且，执行过程中，必须坚守一个定律：即使别人做错了自己也要做对，别人做错了不是自己做错的理由。

第三，尊重流程，团队协作。在团队合作过程中，要善于看到别人的长处，并取长补短弥补自己的不足，不要拿自己的优点与别人的缺点对比，而自我满足。

第四，用心利他，实现双赢。"赢"本质上讲是一种实现赢的精神，是对环境的适应、对竞争的渴望、对对手的尊重和对效率的追求。它的背后，是强者的风范，是自信的底气。

第五，执行成就结果，责任成就价值。执行是快速反应、快速行动、制造结果，只有执行才能促进结果的达成。责任是人应该具备的基本素养，是健全人格的基础，人生的价值就在于不断地承担责任。

管理层的价值

管理层，顾名思义，要承担管人管事的责任。但是，我见过一些企业，它们的管理层工作做得似乎并不好。大小事务，他们都喜欢并习惯让他们公司的总经理定夺，有时候甚至连盖个章，都需要总裁级别的人物出面办理，这样就完全失去了一个管理人员应有的独立性和担当性。

我不禁产生疑问：管理层的价值究竟体现在哪里？

为什么需要管理层

黑格尔说，存在即是合理，存在就有价值。作为企业经营管理的核心力量，管理层得以诞生，并在当代企业管理中占据一席之地，自然有它的合理性——企业需要管理层。

企业存在的目的有两个，一是盈利，二是抗风险。企业诞生之后，为维持生存与发展，不断抵抗风险，实现盈利，需要管理层的存在，共同维持日常经营。

企业的治理结构需要管理层。企业要解决互相制约的问题并达成平衡，让企业健康良性发展，需要管理层存在。企业在生存经营过程中产生的创新、研发、决策要变现成可见的经济效益，需要管理层。

管理层为企业带来战略和方向。企业从无到有，从小到大，从坏到好的整个过程，都需要管理层的引领。

管理层解决什么

企业需要管理层，管理层同样需要企业给予平台和空间，利用自身的专业能力和领导能力，为其解决职权范围内的问题，促进企业发展，以彰显自身价值。那么，管理层解决什么问题呢？

管理自己。主要体现在四个方面：一是管理动力，能自我激励，把目光放在自身，了解自己的优势、个性、价值观和兴趣，并使自己在最大程度上充分发挥这一优势；二是管理恐惧，学会克服对失败的恐惧，不断学习和进步，了解得越多，信心就越大；三是管理自负，过度自负和盲目自信让人深受其害，战胜自负最好的办法就是不断地学习，多征求别人的意见；四是管理思维，保持初心，消除偏见，不做专家，乐于倾听并向他人学习。

积极进取。这是很多企业的管理层普遍缺乏的特质。要先做后说，给企业惊喜，永远以主动、率先的精神面对自己的工作，才能给自己机会；不要总生气，要争气，怨天尤人只会让人看不起，真正强大的人，永远有办法解决问题，战胜困境；不断地给自己挤时间，去"充电"提高。

管理人员始终对自己要有高要求、高标准，保持积极进取，才能给员工、给企业带来积极向上的风气，创造盈利。

打造高效团队。跟穷忙瞎忙说再见，讲究方法和效率，做事情有目标，有计划，有行动，有结果；遵守纪律才能保证战斗力，团队中每个人角色不同、技能不同、资源不同，只有遵守纪律，服从安排，团结合作，才能优势互补，形成合力。

对结果负责。从某种意义上说，员工的责任心有多强，工作就有多出色；一开始就要想怎样把事情做好，计划好工作，让事态在掌握中发展，才能做到最好，匹夫之勇，不足成事；把任务和目标完成得超出预期，竭尽全力地做事，树立高标准，精益求精，努力超越他人和企业对你的期望；管理结果追求的是取得成果。

统而言之，管理层在企业中，不是一个旁观者，不是一个传话者，也不是一个简单的执行者，而是引领者、决策者和问题的解决者。管理层要敢于竞争，善于转化，在麻木和热闹中找到责任、良知和正义的所在。

管理层的价值所在

在了解了为什么需要管理层和管理层能解决什么后，我们回到问题的本质，在权力、高薪的背后，管理层究竟价值几何？作为衡量的标准，我们可以从四个方面进行比较和探究。

首先，能创造盈利而非造成亏损。作为企业经营者的一员，实现组织目标是管理者的天职，任何亏损的行为，都违背了管理人员的价值。在亏损面前，别以劳苦论功高，别拿加班敬业当业绩结果，强调任何过程中的艰辛与努力都是毫无意义的，而要以结果为导向衡量所创造的价值。

其次，能提供价值观而非破坏文化的统一性。职业路上，我推崇具有建设性的志同道合模式。价值观是企业前进的方向，管理层的价值不是去破坏，而是不断提供正能量，引领员工前进，维护价值观和文化的统一。"错就是错，绝对不能找借口""培养接受批评的情商""胸怀大局，既报喜也报忧"等，都是当前很多企业管理人员十分缺乏的。这就反映出，文化管理要匹配企业发展，要坚持不懈地宣传使命、愿景、价值观、行为准则等。

再次，能关注贡献且重视鼓励。盈利是整体目标，贡献体现在细节上。在每一个细节中，如流程、创造模式、解决问题的方法等方面，管理层都应该鼓励员工发挥才能，做出贡献，并在关注贡献的同时，注重创造和发现。只有关注结果、关注贡献，才能真正体现员工的职业能力，体现员工每一份收入都是应得的、合理合法的。另外，在关注结果贡献的关键点上，同样要重视鼓励对结果的贡献，因为人的自信与相信的力量其起点往往来自鼓励。

最后，能解决问题而非制造问题。工作的意义是什么？不就是解决问题吗？管理层就是要解决问题，而非拖延、推诿、视而不见，否则自己就成了问题。办法永远比问题多，不要以找不到解决方法为借口，议论是非对于问题的解决是无益的。在团队当中，只有充分发挥角色的差异性，真正解决实际问题，才能实现每个人的岗位价值。

创造盈利、提供正能量价值观、鼓励贡献、解决问题，这就是管理层的价值所在。

管理的循环模式

在与企业界的朋友交流时，常常会感触现代企业管理的不易，面对复杂多变的外部环境和个性飞扬的员工，单凭个人聪明和权谋管理企业已远不能支撑企业发展。与现代企业的成功离不开好的商业模式一样，企业管理的成功，也需要有自己的管理模式。

在我二十多年来的企业经营实践中，深感企业管理实际上是一个循环，在反复的循环中实现经营战略。尤其是在近十多年来的职业化管理道路上，我就是在做好一个管理循环，它的核心就是"计划—指标—考核—薪酬"。

正是从这个循环出发，可以建立体现股东与职业团队信托机制的治理结构体系，又可以建立控股集团整体十年和各所属企业三年的战略规划体系，也可以建立年月周工作计划管理体系与年度、月度指标体系，还可以建立绩效与薪酬动态挂钩的激励体系。这四大体系构成了企业管理的大厦。

这个看似简单甚至平淡的模式，为什么值得我如此坚持？为什么能支撑企业经营与发展？它背后的本源是什么？我从"势、道、术、仁"四个方面来系统简述。

计划创造"势"能

《孙子兵法》有云："故善战人之势，如转圆石于千仞之山者，势也。"不管是管理企业，还是领导企业竞争于市场，首先要有"势"。企业的势，通过愿景与目标来体现，但落地实施的，就是我们管理模式的第一环：计划，它集合了战略和年度、月度的目标。在企业的各个流程当中，将年度计划逐步分解成月计划和周计划。计划的作用有两方面：一是能创造气场，引领方向，凝聚人心；二是创造势能，激励团队斗志，但计划目标的高低设置，很有讲究，根据物理学原理，势能越大，走得越远，持续得越久。所以，计划一定要有挑战性和前瞻性。所谓欲成其功者，先成其势。势成而功不成者，未所闻也。

指标指引"道"路

老子有云："道生一，一生二，二生三，三生万物。""周行而不殆。"道是万物生生不息的客观规律和循环。同样，当企业的计划和目标确定后，所有的结果和价值就必须通过指标的分解、执行而获得，这既是企业实现可持续发展的客观规律，也是企业保持旺盛生命力的循环过程。在这一指标分解、执行之道循环往复的过程中，企业才能在前进的道路上越走越远，但不管企业走到哪个阶段，都必须回归到"成果交付和价值创造"上来，这就是企业周期的"大曰逝，逝曰远，远曰反"，这是企业经营与管理的本源。

另外，指标之"道"还代表"法则"的涵义。企业在为客户交付成果和创造价值的过程中，指标的分解与执行不仅仅是路径指引，还是一项简单有效的"法则"，因为任何伟大的目标，都是从简单的行动计划开始的，所以我们必须以"敬畏法则"的态度来坚持计分办法的执行。"天下有道，却走马以粪也。""天下无道，戎马生于郊矣。"坚持道的原则，天下和平安定；放弃道的原则，则会陷于兵荒马乱之中。企业管理，亦是如此。

考核蕴含"术"略

术，意为方法、策略和工具。《管子·明法解》有云："县爵禄以劝其民……立刑罚以威其下……明主者，一度量，立表仪……以法量功……明主之治也，明于分职而督其成事，胜其任者处官，不胜其任者废免，故群臣皆竭能尽力以治其事。"这可能是中国最早的治国与任人的考核理念。

考核首先是针对上一个环节的指标执行结果，即所交付成果的检验工具，起到"审是非、察事情……能不可蔽，而败不可饰也"的作用。其次，考核也是一种"案其功而行赏，案其罪而行罚"的奖惩机制。对职业经理人而言，也是验证自身职业价值、获得认同与回报的平台。再次，考核机制是连接企业战略与员工行为的桥梁，它的前端是企业的计划与指标的成果交付，后端与员工所需求的薪酬回报密切相关。因此，好的考核机制对宣导"结果导向、责任承担、简单透明"的职业化文化有极其重要的意义。

我主张并推行的是简单、有效的考核与管理机制，它必须包括四个核心要素：一是明确的底线，二是简单、有挑战性的计分办法，三是有效、可量化的数据来源，四是改变现状与员工薪酬激励密切关联。

薪酬体现"仁"治

孔子所谓"人者，仁也"，不论是古老东方的治民理念，还是现代西方的商业文明，以收入、薪酬为主的激励机制，始终是一个关键性主题。在中国现代企业管理中，薪酬管理与企业的"仁"治，有密不可分的联系。

《管子·明法解》曰："明主之道，立民所欲，以求其功，故为爵禄以劝之。"这表明在薪酬激励体系的建立与实施中，有三大原则必须遵守。原则一，要理解并针对激励对象的需求而设计，即"民所欲"。原则二，一定要与价值及成果交换机制匹配，即"求其功"。原则三，激励中形式要多样，不能一味物质和金钱，即与"爵禄"相结合。

在我所设计的管理模式中，对企业而言，是"计划—指标—考核—薪酬"的正向循环。但对于广大员工而言，则是"薪酬—考核—指标—计划"的反向循环。假如员工想要获得更多的薪酬回报，就要通过考核体系展示更高价值的工作业绩；而要取得更高价值的业绩，就要交付更高价值的成果，并承担更多、更重要的指标，承担更多、更重要的指标，就意味着要挑战更高的计划或目标。

有了"计划—指标—考核—薪酬"的管理循环，只要我们坚持在这个循环中不断执行，不断优化，在重复、简单、透明原则下，形成一种职业文化，任何公司都一定会持续发展并展露成果。

过程与结果

　　企业运营中，尽管过程管理很重要，但结果尤为重要，因为职业化管理推行的是以结果为导向的过程执行力文化。我借此分享"过程与结果"这个话题。

　　过程是指事物发展所经过的阶段或事物发展的中间状态，结果是指事物发展到一定阶段的最后状态。没有好的正确的过程，自然就没有好的正确的结果。

　　过程与结果既相对又绝对。企业发展的路径就是不停地创造过程，也是不停地创造结果的成长轨迹。企业在一定时期达到了管理有序的总体目标这个结果，而在这过程当中，有过程的结果叠加成了另外一个结果，也有把结果分解成几个过程来实施，但不管怎么样，都坚持了过程为结果作准备这一点。

　　过程与结果是量变和质变的和谐统一。泰勒发明科学管理，将生产分解为一个一个的过程，大大提高了劳动生产率。前些年流行的 ISO 质量管理体系，也是将品质的控制分解落实到每一个过程中，只有做好了每一个过程，才会有好的产品。海尔创造了"日清日高"的管理模式，获得了巨大的成功。我主张并推行工作管理，把年度目标分解到月度计划，再把月度计划分解到周计划，强化 KPI（关键绩效指标）的绩效管理。过程重在制度、流程、目标的执行，结果重在评价、质量、分享的思考。这二者要想良好地转变，就需要和谐的统一。

过程是因，结果是果。我们在企业的管理当中，有些时候因在前，有些时候果在前。

"栽什么树苗结什么果，撒什么种子开什么花""我思故我在""一分耕耘，一分收获"等等，都讲的是因在前。一家企业的员工因为志同道合聚在一起，所以必须齐心协力奋斗创造明天，我们必须在过程的管理当中创造每一个尽可能完美的细节。但战略就不是，战略是果在前因在后。我们一直提倡要做一家有战略的企业，那就需要战略落地，需要设置战略途径，需要盈利模式，需要目标的职能分解，需要岗位的责任分解。今天的收获，并不是结果，只是为了明天更好地启程；今天的失败，也无须懊恼，那不过是成功的起点；今天的困难，更无须畏惧，只要经得起考验和持续朝目标方向努力，就会有辉煌的明天，结果仅是过程的延续。

过程创造价值，结果创造分享。处于企业业务流程中各个岗位上的责任人，无论职位高低，行使流程规定的职权，承担流程规定的责任，遵守流程的制约规则，确保流程运作的优质高效。这不仅给股东创造了价值，同时为成本作了充分的分流。通过过程分析与管理，创造令人满意的价值效果。而结果呢？我认为能创造分享，当然这里指的并不是坏的结果，这个分享当然也并不是平均主义，而是指在创造结果的每一个过程中所牵涉的人及团队都有分享的权利。

专注结果比专注过程更重要。人的精力是有限的，企业的资源也是有限的。专注结果，需要我们将有限的时间、精力、智慧和资源凝聚到核心的事务上，充分发挥积极性、主动性和创造性；专注结果，需要有阿甘的精神，决不放弃；专注结果，要求我们像狼一样生存，把所有的精力集中于捕猎的目标上，瞄准猎物，不达目的决不罢休；专注结果，需要我们坚韧顽强，不屈不挠；专注结果，需要干一件事成一件事，做一件事就把它做好；专注结果，需要我们坚定方向，坚守有战略。当然，世界不断变化，未来难以预测，我们必须有计划、有理性地专注过程的修正和完善，以求得理想的结果。

没有过程的结果和没有结果的过程，都是不值得提倡的。没有过程的结果可能是机会，也可能是陷阱。在企业的管理当中，我提倡"请给我一个结果"，其实讲的是"结果提前、自我退后"原则，在过程中任何人都不需要太多的客观和主观理由，我们需要的是目标、思路、解决方案、措施、监督和评估这个过程。没有结果的过程自然不可取，那可能是滥竽充数，也可能是夸夸其谈，所谓失败的企业就是这样做出来的。我们提倡有过程的结果，而这结果当然是要有质量的结果。

追求结果，享受过程。其实，从人性的角度看，每位员工想要的是舒适与愉悦，但它的前提是要有质量的结果。而作为企业，或者说企业管理者，我们希望所有的员工都能把目光专注到目标和结果上，在透明、简单、阳光的过程中充分享受过程带来的工作乐趣，我想这也是企业文化管理的一种境界，是企业生命可持续的一种较佳的形式。

执行力

十多年前，有一件我亲身见证的事情，那是改造一座写字楼大厦的大堂。起初大堂朝东开，空间狭窄，环境不佳，南面是一家餐厅，油烟不断，人声鼎沸，严重损害大厦品质与形象。为提升大厦形象，物业管理者决定整修大堂，始料未及的是，结果十分不如意。物业作业部门在改造大堂的过程中，未能完全领会管理者的用意，对改造后的大堂也疏于规划和管理，公司花大代价改造的大堂门口最终沦为了"停车场"。管理层一番用心付诸东流。

由此可见，执行力在经营过程中是何等重要，没有执行力，再好的决策，也变了味。

俗话说"知易行难"，也就是说人们往往知道事情该怎么做，但难的是怎么才能做好。把这个成语运用到企业的经营上来，可以简单地归纳为企业的成功往往是"三分策略，七分执行"。做正确的事比正确地做事更加重要，所以人们常说战略制胜。但企业成功的关键因素不仅仅是策略本身，更重要的是其执行程度，因为再好的战略也无法自动实现。缺乏执行力是企业管理中无形的"短板"和"软肋"，会使企业的美好愿景和宏伟目标最终流于形式与空谈。

执行力是竞争力的最终体现，执行力低下是企业管理中最大的黑洞，管理者必须要有对一件事一抓到底的精神。如果好思路不能落实到具体执行的时间表上，或执行任务时拖拖拉拉，工作安排不到位，缺乏紧迫感，或执行过程中不认真思考，没有周密计划，敷衍了事，草率应对，再好的战略也只能是空谈。

如何提升企业的执行能力，有系统的论述，也有完整的方法，在这里我想特别强调几个方面：

首先，一手抓战略，一手抓执行。这里所说的战略是指公司在不同层面、不同阶段的总体规划，最好的战略也只有成功执行后才能够显示出其价值。因此，作为管理者必须既要重视战略，又要重视执行，做到一手抓战略，一手抓执行，两手都要硬。公司在考虑战略时要看是不是一个能够切实得到有效执行的战略，在考虑执行时要看流程与制度是否合理，是否有针对性和可行性，是否过于烦琐，不利于执行。因此，我们在制定策略的时候必须考虑执行力的问题，好的战略一定要与好的执行力相匹配。

其次，反复抓，抓反复，常抓不懈。作为一名管理者，如果管理制度的执行不能始终如一地坚持，有布置没检查，检查工作前紧后松，虎头蛇尾，就会让一些曾经解决过的问题反复出现。比如，有些公司的职业着装问题，始终得不到有效解决，关键在于没有一抓到底，坚持不懈，结果顽疾反复，变成一项管理事项，令人啼笑皆非。只有将执行变成习惯，才能卓有成效，抓而不紧等于不抓，一件事情只抓一次等于没抓。如果问题解决后就不闻不问，过不了多久肯定会死灰复燃。因此各级管理人员必须有一抓到底的韧劲，只有在反复抓、抓反复的过程中，问题才能彻底得到解决，企业的执行力才能得到增强。

最后，管理重过程，考核重结果。时间管理和过程管理是企业绩效管理的两个重要方面，良好的绩效目标有赖于正确有效的执行过程，而系统的目标管理可能会导致绩效执行问题得不到应有的重视，并且缺乏过程管理为支撑的结果考核也会带来很多新的问题，如良好的绩效目标与绩效执行脱节，不但绩效目标得不到有效保障，而且容易误导员工在追求目标的过程中忽视本身岗位职责。所以执行讲的就是结果导向，执行必须有结果，避免盲目执行，结果必须有执行支撑，以免责任缺失。

总之，执行文化必须在流程和职责的基础上建立。一个企业能取得好的业绩，得益于有一支凡事不找借口、即刻行动的员工队伍，只有具备强的执行能力，企业的经营战略、方针才是有效的。尤其是在大众创业、万众创新的时代，企业的竞争力更多的是拼执行、拼效率，而不是过去简单地拼人力、比成本。所以，我们要在流程和职责上树立执行的根基，而不是依靠管理层的亲力亲为，三令五申。

道与无为而治

"道可道，非常道。名可名，非常名。"那"道"是什么？自古以来，一直都是一个非常令人困扰的哲学问题。这正如无为而治一样，"不尚贤，使民不争；不贵难得之货，使民不为盗"。

其实，每个人对"道"的理解都是不一样的，"道"是不能用语言来描述的，但又必须努力用语言来描述清楚。所以，我们就有了关于"道"的多种理解和阐释。"道"是路，是一切由所由组成的条件和依据；"道"是绝对的、无限的，超越于对立而存在；"道"是所有万物在统一性的条件下以物观物；"道"是生之，蓄之，对万物不增加任何色彩；"道"是基于假设为前提的判断认知。

那"道"的作用是什么呢？道是虚无，是以无为本，以无为用。知的直觉是不需要论证的，否则就偏离了道，凡是可以言说的道不是真正的道。道是无，要用的部分恰恰是空的部分（即虚）。在道的价值中，"有"是在"无"的状态下才起到恰当的作用，这正如碗，其实碗本身没有意义，其间空的部分才是真正有用的。

"道"是可以阐述解说的，但并非完全等同于浑然一体、永恒存在、运动不息的大道。"道"就是在那种统一的力量下赋予繁杂的自然延伸，"道"有不争的哲学，"道"始终坚持柔弱胜刚强，"道"由创生和归宗组成，自由且真实地展露身边的现象，"道"本身就是一种作用，且永远不会寂寞。

无为而治，是不尚，不贵，非对象的、浑然不觉的生活状态，朴素、淳厚而安静是无为而治最理想的状态，这与欲望和竞争的破坏恰恰是相对立的，无为而治并不代表愚民，以启蒙为假象的愚民才是真正的愚民。无为而治是要满足人的饮食，削弱人的意志，强健人的筋骨，空虚人的心灵，使人没有奸诈的心智，没有贪婪的欲望，使那些聪明的人不敢有所作为而"不为"。其实无为而治追求的就是一种简单，而对丑或恶的一面准备不足恰恰是它本身的缺陷。

那"道"与"无为而治"，给我们带来什么启示呢？由于每个人的智慧不一样，对自身的生命长度和厚度理解自然也不一样。它其实就是告诉我们，"道"是在人格的状态下尽可能获得智慧并与之结缘，智慧是朴素、简单而一以贯之的人生态度。下坡路很好走，但谁都不想走，人生也是这样。同时也告诉我们，澄之不清、扰之不浊的境界修炼是何等不易！尤其是想要达到"知止而后有定，定而后能静，静而后能安，安而后能虑，虑而后能得（德）"的智慧境界，这确实需要每个人用毕生去感知、感觉和感悟，生知安行，学知而行，困知勉行。

职业之心

求变

变，是世界唯一不变的主题。

在《变革为何》一文中，我阐述了关于企业变革的思路。任何企业的发展，从战略的制定到组织架构的设定，从现代企业制度的建立到企业文化的塑造，从办公环境的硬件改善到协同商务平台的启用甚至迭代等，都凝聚了变革的成果。

企业经营、管理和文化需要因时因势而变，我们不能妄想依赖惯性的力量去推动企业成功，而应该认真体会内外环境的演进，应时而变。所以，我认为每隔三年五年甚至更短的时间，企业就要对其战略、理念进行深刻反省，检讨观念是否落伍、发展是否顺应时势。更新观念，变革管理，企业才会有真正的进步，才能基业长青。同样，对个人而言，观念左右思想，思想决定行为，行为导致结果，因此改变观念就可能改变命运。

随着时代的变迁，我们当如何去面对和迎接变化与变革呢？

心态之变

美国心理学之父威廉·詹姆斯说："人类最伟大的发现之一是可以通过改变人的心态进而改变人生。"因为改变行为的关键在于转变心态。不管从事何种事业，不管处在何种岗位，我们面对工作的第一要务就是端正心态。

现实的诱惑很多，最有效的抵御方法就是专注，专注可以明辨是非，专注可以坚定信念，专注可以解决值与不值的问题，值则用心。我们不要给自己太多选择，在工作中不要带有太多情绪，要克服随波逐流的游离状态，完成心的回归。对一项事业，对一份工作，要心无旁骛，专心致志。专注可以让人习得精深的专业，成为专家，创造出惊人的成绩。

回归"用心"即意味着责任担当。"用心"可以改变一个对问题漠不关心、完全绝缘的"糊涂虫"，或者能改变发现问题但忙于推责抱怨的"诉苦者"，或者改变发现问题后浅尝辄止的"皮毛分析师"，最后蜕变成会思考问题根源与解决之道、能主动协调资源和防范风险的"问题终结者"。问题终结者具有独立承担和独立行事的职业素质，能提供解决实际复杂问题的结果。这个结果恰恰代表着我们所期望的变化、进步和未来。

一家企业选择职业化，从工作的表面看，是对公司董事会负责，但实际上是对职业人自身的职业生涯和职业行为负责。职业人都要积极转变心态，重新拾起暂时松懈或放弃的职业化要求，比如最表面的考勤、着装这样的细节，又比如更深一层的职业道德、技能、团队意识等。调查显示，受过良好职业化训练的员工能够发挥其能力的七成甚至八成，而没受过训练的仅能发挥出四成到五成。所以，严肃对待职业化，对于提高个人的工作效率和职业竞争力都有很大的益处。

通过转变心态，能清醒地认识到不愿付出但求成果、不流汗水但求回报、不讲奉献但求索取都是可笑的。只有打下扎实的工作基础，追求好的行为表现，交付诸多好的结果，才能建立起人与人之间、人与企业之间的信任通道，实现工作效率、沟通效率和流程效率的大幅提高。

创新之变

创新，是以独特的方式综合各种思想并在各种思想之间建立联系的能力。创新，是组织形成创造性思想并将其转化为有用的产品、服务或作业方法的过程。创新，对企业而言是生存和发展的灵魂，对个体而言是职业竞争力的核心要素，它是我们通往激烈竞争时代的通行证。无论是企业还是个人，都应该积极迎接创新之变。

企业的创新，有技术的，有体制的，有思想的。技术创新可以提高效率，降低成本；体制创新可以使信息传递更畅通，运作更有序更规范；思想创新能让思路更新颖，眼光更有前瞻性，能保障企业沿着正确的方向发展。员工的创新可以优化工作流程，改善工作方法，通过发挥创意增强企业的凝聚力。

企业应该成为一个善于创新的组织。创新是企业经营生命的源泉。唯有创新才有发展，唯有求变才有出路。创新并非异想天开，而是从时势的变化出发。尽管不是每个人都能成为爱迪生，不是每家企业都像苹果公司一样，能通过创新迎来一个崭新的时代，但我们必须追求创新来改变自我和现状。因为没有创新就没有参与市场竞争的优势能力。

企业的发展，只有随着变化着的环境不断创新，才能取得成功。能激发创造力的组织，可以不断地开发出做事的新方式新方法，能够不断地将创造性思想转变为有价值的成果。创新能为企业带来用之不竭的发展动力。

量质之变

量变与质变是对立统一的。没有量的积累就不会有质的飞跃，没有质的突破，量的存在就失去了意义。一家企业能变革成功，有量的积累，比如通过反复的财务测算、业务盘点和风险预判摸清公司的历史与未来，就可以为企业成功变革这一质变打下坚实的基础。

失败是缺点与失误的累积，成功是优势与正确的叠加。一个细节能成功，很多细节的整合就能成功，一屋不扫不能称之为扫天下，天下屋皆扫才是扫天下。

千里之行，始于足下。当"当下"流逝变成"过去"，我们不应该还陷在不能改变的"过去"的泥潭中。当"将来"尚未演变成"当下"，也不要焦虑于不可知的变相之中。我们唯一可把握的只有"当下"，唯一能做的就是不要在抱怨中放任可控的"当下"，或者在手忙脚乱中让"将来"变成"当下"。一万年太久，只争朝夕。

在"量变—质变—再量变—再质变"的向上发展中，偶然和必然是常态，偶然中的必然值得珍藏，必然中的偶然令人惊喜。我们每一个人都应该用心对待量变这个"当下"的过程，欣然创造和迎接质变带来的惊喜。

机制之变

任何的机制都是工具，机制的创新之变，是为了规避企业与其内部最重要的资源——"人"的需求相脱离的风险。通过科学合理的机制，可以协调和平衡多方利益攸关者的复杂关系。因此，我始终坚持积极付出，创造分享。

从企业管理看，机制之变可以体现在激励机制上，这是关于创造分享的企业理念落地，也可以体现在内部人才竞争机制上，切实改变企业内部竞争不充分的现实状况，让企业更有活力。我们可以利用这些机制变革，把短期内的不平衡与长期的平衡有效结合。另外，从个人讲，人人都要积极建立自我信心机制，充分面对时间和结果，扛起压力和责任，有勇气坚持挑战来自往好的或者对的方向发展的一切事物，全面树立事业发展信心。总而言之，好的机制分享需要有好的创造作支撑，这是创造与分享的辩证相生关系。

态势之变

人性对应着道德标准，灵性对应着智慧和价值观。德高之人拥有正直、诚信、敬业等优秀品质。如果个人的道德标准与价值观能恰当地结合，就能达成灵与肉的和谐统一，能让人抑制欲望的膨胀，抵制急功近利的诱惑。这是我们走向成功需要具备的基本姿态。

风可以吹起一张大白纸，却无法吹落一只蜻蜓，因为一个自由的生命，在于不顺从。这种不顺从的精神面貌，在职业上表现为对一个行业有热爱之心，对一个岗位有执着之心，对一项工作有热切之情，行事时表现出目标明确、激情而为，有战胜困难的决心和信心。

每个人所在的工作岗位不同，从事的工作各异，或者正确地做事，把单一工作做得又快又好，或者做正确的事情，在合适的时候做合适的事情。又或者顺势而为乘风破浪，逆势而动开创新局面。如果你尚未成为管理者，就要多关注自己的成长。如果你是管理者，就要关注工作伙伴的成长，多同消极的引力作斗争，要拿出一种积极的毅然克服困难的气势。在这样乐观向上的环境里，每个人都能实现创造价值与成就自我的双赢。

　　变是永恒的。不管是为了生存还是为了发展，企业的飞跃依靠求变创新。对职业人而言，每个人的进步也是如此。我们每个人，除了要有应变求变的勇气和信念，还要有乐观和坚毅的素质，更重要的是有持续支撑着"变"的信念和行动。

谈谈财务管控

对于一家业务多元的集团型企业而言，财务管控无疑是一项重中之重的工作。企业为什么要实施财务管控，财务管控的模式是什么，核心内容又是什么，如何做好财务管控，以及财务管控对财务人员的要求又有哪些，我就这五个问题谈谈自己的经验。

为什么要实行财务管控

企业实行财务管控，首先是企业组织壮大、业务多元化的需要。

随着一家企业的业务越来越庞大，大大小小的公司达到十几个甚至几十个，随之而来的财务管理部门也会增加，财务人员数量也会相应增多。随着组织和队伍的不断壮大，要做到对股东负责，就需要实行财务管控。如此多的公司都是由控股母公司来负责，不管是监督、信息收集，还是财务数据的汇总，董事长是不可能亲自进行独立分散关注的。而且业务涉及各行各业，必将表现出多元繁杂的特点，财务就更需要管控了。

企业实行财务管控，其次是保持财务独立性的需要。

财务是需要有底线和独立原则的。如果没有独立性原则，很容易违反财务守则。财务有业务和监督的需求，这要求它必须具备相对独立性。站在一个公司管家的角度看，财务管理一定是有风险的，是需要保持相对独立的。这就需要企业实施财务管控。

企业实行财务管控，也是职业化管理的需要。

作为财务人员，不管身处基层岗还是管理岗，也不管对外是何种形式的合作，表面上看是对企业的董事会负责，但归根结底还是对自己的财务行为负责，对我们自身的职业负责。如果控股公司的管理思维是主张职业化管理，那企业建立的法人治理结构和董事会模式，都会是为走职业化之路而设置。那么，财务的本质、财务管控的内容，就会和职业化管理紧密关联。传统财务管理人员的认识可能会觉得财务人员只对老板负责，老板说什么就做什么。初一听这挺有道理，但是随着企业不断壮大，特别是公司达到一定规模后就不适用了。举一个简单的例子，就是财务的白条现在都不能用了。由此可见，推行职业化管理，要求实施财务管控。

企业实行财务管控，终究是企业内部协同管理的需要。

现在的企业，一般都配套了协同商务平台，有的企业甚至还专门开发了财务管控系统，涵盖了银行开户、资金周报与月报、预算、财务报表分析、数据汇总等，这能让控股公司很高效地掌握整个公司的运营状况。有些人总认为对老板负责就够了，其实"对老板负责就够了"只对了一半，因为老板需要知道他的企业整个系统运行得怎么样，比如制造业务怎么样、投资业务怎么样、房地产业务怎么样，或者制造跟地产之间是不是真正做到表面上分开而实际又有一定的关联性甚至有一定的互动性，等等。从战略思维层面上讲，作为财务人员可能没提升到这个高度。财务人员要总结，要更好地整合自身的财务资源，以最快的速度提升财务的综合分析能力，提升整体的财务运作效率。

财务管控的模式

对于大多数企业而言，适合采用集权与分权相结合的财务管控模式。

一般而言，一家企业所有管控的最终归结点都在控股公司。董事长可能去 A 公司要了数字，在 B 公司听了汇报，又看了 C 公司的财务报表，但最终的数据是控股公司财务管理部的分析报告。从这些点上讲，企业的整个管控运行是集权的模式。

为什么又要说分权呢？因为企业是法人治理结构下的组织，现代企业采用的是在企业董事会管理下的授权运行模式，所以它是分权的。控股公司既是授权者，也是财务人员委派关系的建立者。从整体的设想讲，不管哪一家公司的财务人员，只要是核心的财务总监、财务总经理或者财务经理，都应该由控股公司进行委派并发放薪酬，只有这样才能真正地实现集权管控。但为什么又实现了分权呢？因为控股公司只是一个管理机构，它只是对业务发展、组织发展、战略思考起引导性、方向性的作用，它没有实际的盈利能力，这部分薪酬它是承受不了的，只能又分到各个企业去支付。简言之，所有核心的财务负责人是派驻制的，包括薪酬、保险都是在控股公司。对于分权，各所属企业的财务接受财务管理部、审计监察部的管理与监督。这样的模式，就是集权与分权的结合。

在表面上，它是两条线路的管理，一条是通过控股公司在管理，另一条是通过法人治理结构下的董事会的授权进行管理，这是不矛盾的。有了这样的认识后，无论在管理或工作的合作上，还是在享受财务工作过程的愉悦性上，都会带来帮助。

财务管控的核心内容

凭我的经验，我认为财务管控的核心内容至少包含如下七个部分。

第一是组织管理。在集权与分权的结合当中，本身就存在组织管理。既然是委派制，就要对财务人员的要求、能力及其工作关系等作出明确的规定。那么，在法人治理结构的内部，各财务人员又对谁负责？比如说财务总监和总经理本应该是平级的，但是在许多企业的运行过程中，财务总监会觉得比总经理低一级。我认为，每家企业的财务总监，应该只是与总经理承担不同的工作职责，而在职务上应该是同级的。财务总监对总经理不是服从的关系，而是紧密配合的关系。从真正职业化企业的运行看，财务总监跟总经理是平级的，这也是前面提到要强调财务人员独立性的原因。因为财务总监是受控股董事会或者控股公司的委派，而每家企业的法人治理结构下的总经理也是由控股公司委派任命的，其他的经营管理团队，是由总裁或总经理提名，报董事会通过才能决定的。所以，作为财务人员，一定要认清楚这个组织关系，才能进行财务管控。

第二是责任目标。这其中有两方面内容很重要。一方面是企业当年的经营目标责任及其内容是什么。不管是制造业务、地产业务还是投资金融业务，只有知道它们的责任目标是什么，财务人员才知道应该做什么。另一方面，就是全面预算管理。全面预算管理的内容，其实是允许有偏差的，特别是房地产开发这样的领域，由于业务的不确定性，容易有预算的偏差，而在制造业相对比较好，理论上讲，正常的预算，不管是节约还是超支，总体要控制在5%以内。所以，目标责任书与全面预算管理是有关联的，它需要我们财务人员去关注和管控。因为这是基础，也是结果，围绕结果来管理就会发现，当初做的决策是正确的还是不正确的、是有效的还是无效的、是符合预算的还是偏离预算的。为此，企业要编制好完整的《全面预算管理手册》，它的基本要求就是任何一个财务人员拿到它就能给企业做全面预算编制。

第三是日常监督。并不是所有的财务人员，都要求是高智商、经验丰富、智慧超群的人。日常监督的内容有很多，从核账、汇总、数据分析，到企业历来对内对外的财务处理等，都可以依靠常规的财务人员去办理。不管是内资还是外资，也不管是国内还是国外，只要有企业的存在，就有财务分析管理的存在。所以，日常监督所有的集中点都可能汇集到财务分析管理之中。

第四是投资管理。企业面临重大资产的购置与处置，包括对外投资，如何监控？如何管理？在收购中，资产清理、资产核对、资产处置、或有负债、资产安排及资金支付等方面，都是财务人员在投资管理当中需要思考和精心筹划的。

第五是资金管理。资金管理包括外部的资金筹措、借贷关系、担保关系以及内部的现金流管理。

很多财务人员对资金管理、资金运营、资金来源分析、资金运用分析的认识都比较薄弱。薄弱的原因一方面跟从事的业务有关系，另一方面也跟董事长的经营理念有关系。比如，一家企业如果实施的是稳健的财务发展战略，有大量的存款，资金花不完，所获取的盈利部分，完全是靠自有资金产生的。在这样的状况下，是否能运用资金这个财务杠杆来促进企业质的发展，这是值得思考的。如果财务没有一点杠杆，说明企业稳健得不能再稳健了，这其实并不是很好的状态。在资金营运管理方面，怎么用杠杆撬动企业发展，同时又有前瞻性，能让企业稳健持续发展，这也是财务人员要思考的命题。资金管理的另外一个方面——现金流管理。对企业来讲，现金流管理实在是太重要了。当年的韩国大宇就因为500万美金的现金流而破产。所以，在企业运营过程中，财务人员要随时关注现金流。尤其是房地产等资金密集型企业，它的投入产出也是密集型。有一句话讲得很好：懂得生存才懂得发展。有的企业，有很多很好的计划，也有很好的持续发展规划，但就是没钱。没有钱，就什么都办不了。

资金管理对一家企业来讲，就是血液，对财务人员来说，它是我们管理的核心。高度看待资金管理，财务人员才真正尽到了他的职责。

第六是资本管理。资本管理可能是注册、增资，也可能是做PE（私募股权投资），也可能是做VC（风险投资），还可能是股权转让，等等。比如，有的公司注册资金很少，实际价值可能有注册资金的三倍到五倍，作为财务人员，用什么好的办法去筹划税务和规避税收。这里说的不是去逃税，逃税是犯罪，企业不能做违法的事，违法与职业化管理是背道而驰的。所以，如何利用国家的政策在合并分立的过程中对资产进行有效的消化和合理的配置，这是财务管控需要重视的。资本管理的另一个重要方面，就是股利分配。外资的、内资的、不同区域的，比如说控股投资的公司要交易退出，但在退出之前必须做好资本管理筹划，因为有预期盈利。在股利分配上如何设计，在资本管理中如何通过合并分立与对内资外资的处理，去实现对优质资产的合理使用与分配，让它以最低的税收创造最大的价值，使企业价值最大化，这同样需要财务人员做好管控思考。

第七是风险管理。这里讲的风险管理是指内控和财务的基本政策，以及财务杠杆的风险管理。比如制造业的财务负债率多少才是合理的，是不是百分之六十，最高极限是否可以达到百分之七十。而地产业和制造业是完全不一样的，地产的负债率可能高达百分之一百五十，这并不代表这个企业不行，它的动态过程与静态之间是可以平衡的。又比如应收账款和坏账如何去消化，账面跟实际存货不一致，这种配件性、消耗性、物料性的存货风险该如何消化，又该如何合理配置。如果把费用和潜亏都资本化，谁能看得出企业的盈利水平。每家企业都希望做到资产尽可能优质，费用资本化尽可能减少。否则，盈利就会被费用吞噬、被无形资产吞噬。所以，财务人员要站在控股管理的层面看问题并做好这些工作。

总的来说，财务是一个对专业能力和综合能力要求都很高的职业，提高财务人员的财务业务化与业务财务化能力，在任何企业都值得大力提倡。除了日常财务管理，财务人员更要跳出惯有思维，思考资金管理、资本管理和投资管理，思考企业的组织管理和财务的目标责任等。

如何做好财务管控

厘清了财务管控模式及其核心内容后，企业应该从哪些方面去管控呢？

第一是建立管控标准。

管控需要标准。财务人员不仅要知道什么是对账、应收账款、应付账款、营销让利、仓库盘存、现金流、银行存款核对，还要知道这些在什么时间发生、内部企业之间的往来、资产折旧是否正常、应收账款的坏账准备是否合理等。这种标准就是在认认真真的工作过程中达成的共识。我曾经和一些企业负责人探讨过多次，主张做一个让人一看就懂的范本，包括财务管理的方方面面，就像前文提到的《全面预算管理手册》一样，以实操性为标准编制业务操作范本。比如《对账结账管理规定》，通过这个让任何一个层级、岗位的财务人员都知道自己该做什么，怎么去做，什么时间做什么。如此，就用业务的标准来统一财务人员的行动，可免去许多中间的培训，也不需花很多时间在思想上做沟通和交流。

第二是关注资产优质。

企业资产的优质化容易被忽视。研发费用、开办费用如何摊销，资产结构的费用是否资本化等，都要考虑待摊费用和预提费用。比如本来两百万元注册资本，开办费花了一百九十八万元，那报表资产一百九十八万元实际是不存在的，又比如潜亏资本化，潜亏可能在存货里也可能在应收账款里。所以，一家企业不管经营到什么状态，资产的优质化非常重要。财务报表在拿出去给会计事务所或审计事务所，又或者在重组过程中给律师事务所，在合作兼并收购过程中给合作对方的时候，应该是优质的。我曾经委派财务人员去制造企业，临走前交代他做好一件事情：把"件"字做好。什么意思呢？一是配件，以前发了那么多配件，连核都没核过，要去核准；二是样品件，当初成立了很多办事处，要一个一个查清；第三是皮件，当时有几百万的皮件闲置，也要清点。把这三个"件"

盘清楚了，资产优质化就有了扎实的基础。

第三是注重成本的价值分析。

有些制造企业，客户价值分析没有做好，当时没人敢去面对现实，将来五年就会出现业务瓶颈和盈利瓶颈。有人可能会说，现在市场太难做，竞争太激烈，价格战太厉害，区域抢夺太凶猛，渠道争夺也很残酷，找各种理由推脱，但这些是真正的原因吗？显然不是。我认为，价值分析不管是制造业还是地产业都要做，地产项目在什么状况下增加容积率是最可行最有效的，比如原始楼面价，加土方平整价，加区域的用地地面价，怎么去推算它的价值分析，都是财务人员面临的问题。再比如盈利平衡点或者说保本销售点、持续盈利能力点在什么地方，我们的贡献率在什么地方等，都跟价值有关系。所以，要注重价值分析跟价值配置，注重这个资产和那个资产的配合。在处理资产的时候，优质跟非优质进行配合。至于如何去配置，这需要根据价值分析而定。比如一个工业厂房的地产项目如何实现它的价值，同样也需要配置，需要对每平方米进行配置，对工业厂房的设备、装修做评估，评估以后对所得税、契税、土地增值税等通过多环节进行配置，结合现实需求去做价值分析。

第四是做好全面预算管理。

这与目前许多公司推行的职业化完全吻合。职业化管理是授权制。既然如此，作为财务人员就有更大的责任，更要把财务预算做得相对准确。如果不准确，要么授权不下去，要么资金就乱花了。所以，预算要控制在百分之五到百分之十的合理范围。举例来说，如果发现预算节约了百分之三十，这肯定是有问题的，这跟预算管理的理念不符，预算是不需要去节约的，预算没有用到，肯定是某一方面的目标没有实现，或者是利润或者是销售额。除非这个市场是高歌猛进令人惊喜的，像 2016 年的地产市场一样，涨价的幅度出人意料。做好全面预算管理，既是日常工作，又是管理的一条基本底线，企业所有管理的杠杆都体现在全面预算管理上。

第五，严守财务风险警戒。

财务风险警戒就是底线。做任何事情，不管是谈判还是财务管理都要有原则，财务人员要坚持原则。比如坏账准备、存货的潜亏警戒线是什么比例，财务杠杆风险点在哪里，都要心中有数，不能轻易妥协。

财务人员的素质要求

第一，"德"字当头。"德"是财务人员的首要素质。古人讲"才不足可以学，德不足不可救"，就是这个道理。杨绛说，德是一种肉体，肉体代表道德标准，而灵魂是价值观。如果人的道德标准与价值观得体地结合，就是肉与灵的和谐统一。德还可以衍生出正直、敬业、诚信等优秀品质。

第二，管好钱算好账。管好钱指的是什么呢？管好财与物，钱本身也是物。算好账指的是什么呢？就是要准确、及时、完整，就是指财务的一致性和迅速性。银行能在每月最后一天的零点出来报表，沃尔玛全球一年好几千亿美金的庞大数据能在两天内出来。而很多的企业，一个月几千万元的销售还要用十天半个月的时间去汇总、分析和总结。差别在于，这些企业平时不关注记账，不做前期的简单汇总，而是要等到月底去做。

第三，做好筹划理好关系。这方面的要求相对较高，但在整个社会系统里面，财务人员只有做到这一点才是真正出色的。筹划包含了税务的、项目的、资产营运的、投资的、决策的，如果财务人员在重大项目上能参与进来并显示出力量，它的优秀就展露出来了。理好关系包含了企业内部的和企业外部的，有银行的、税务的、工商的，还有供应商的、经销商的，等等。很多企业的财务人员觉得自己跟销售没有关系，只要管好营销人员的报销就行。难道财务人员不参与价值分析、不参与经销定价吗？销售时不了解市场行情、不参加定价吗？不去了解经销成本和每个省的建设标准吗？不需要了解银行政策吗？所以，做好筹划、理好关系非常重要，是所有财务人员通往成功的必经之道。

第四，具备职业精神。财务人员知道公司的很多商业数据，了解公司的战略方向，掌握管理层的很多治企方案。所以一定要告诫自己，不要做企业商业信息的发布者，这是基本的职业底线。懂得而不说出是一种境界。当然，保持沉默并不是不去沟通，要合理区分哪些需要沉默哪些需要站出来承担责任做好沟通，这就是职业精神。财务人员自律，是具备职业道德的良好表现。财务人员只能把掌握的信息用于工作，而不要把它当砝码和利剑。

第五，做企业盈利能力的设计师。这是目前很多企业财务人员比较欠缺的。企业需要盈利，需要持续经营，那它的盈利平衡点在哪里，实现多少盈利才是有增长的，这要求财务人员去做盈利计划，参加培训。为什么企业上市前需要三年递增，这是社会对企业的业绩要求。即便非上市企业，也同样需要持续的增长率。哪怕能让企业做到3%或者5%的增长也是好的，因为企业每天都是需要增长的，员工更是每天都在关注企业的成长。

第六，坚持原则和坚持学习。作为财务人员，因为有这个职业的独立性要求，所以要坚持原则。以我的从业经验看，一个坚持原则的财务人员，有原则讲道理，是不会遭到总裁或总经理反对的，而且只会得到更多理解与支持。财务人员如果丢了财务独立性，管控就变成了失控。为什么反复提倡学习和进步呢？不管处在什么领域，从事什么行业，知识确实是无边无际的，当我们懂得了专业知识，或者还缺少做人的知识，当我们学到现代知识的时候，又可能发现自己的古代知识很薄弱，当我们懂得了基本的财务分析时，又可能发现在财务决策上能力不够。所以，要对自己有进步的要求，坚持学习。

拆迁杂谈

　　有人形容拆迁是一团错综复杂的麻，难以开解难以理顺；也有人说拆迁是费力不讨好的徒劳，往往议而不决，劳而无获；还有人表示，拆迁的规划看上去很美好，但实际操作的过程却很艰难很漫长。面对拆迁，哪怕是有多年经验的企业都有平衡不完的博弈，很多有过拆迁经历的当事者对此也都是唏嘘叹息，愁眉紧锁。

　　其实，人生也好事业也罢，成功与否在很大程度上取决于思维方式的积极与消极。悲观之人看到的世界消极沉沦，乐观之人看到的世界积极有为。所以，在拆迁过程中要保持阳光心态，相信自己做的是正确的事。把握事物的核心关键，保证自己是在正确合理地做事。这样就能在艰辛的工作中苦中作乐、难中取乐，在工作的精进中收获启示，人生也必会有所值得、有所收获，也才会真正地有所成就。任何事业成果的取得，都是克服困难、坚持到底的结果。

　　如此想来，拆迁其实也可以是一件令人快乐的事情。

做正确的事

心态，就是看待事物的态度。从一定高度上看城市更新（俗称"旧城改造"），可谓各方各有所求。政府需要一个和谐、生态、靓丽的城市环境，拆迁户怀着对未来的期许奋力争取现实利益，开发商希望打造一个利润和品牌兼备的成功项目。由此可见，各方诉求都是合情合理的。

对于拆迁，从小处讲是盘活土地资源，促进资源的可持续利用。以旧换新，既是对现实的土地、植被、道路、建筑物的更新，对城市居民生活环境的优化改进，更是通过对历史文化遗产、社会文化习俗、城市主流时尚等人文资源的保护、更新，它为的是提升居民生活质量和幸福感。拆迁的长远意义还在于其本身具有创新的价值，为城市升级找到新的平台，促进城市综合发展，从而创造新的城市文明。即便是在最令人困扰的拆迁利益的平衡这一点上，它也不是你死我活的零和游戏（是博弈论的一个概念），而是皆大欢喜的多赢义举。

在这个前提下，拆迁的出发点和落脚点是利他利己也有功于社会的。所以，城市更新，企业当有坚定的信念、十足的勇气和豪情来迎接拆迁工作中一次又一次的挑战，克服一个又一个拆迁中的困难。

无论是作为拆迁主体，还是作为拆迁主体之城市更新主导企业的员工，都应该以创造城市文明的角色而自豪，在任何困难和压力面前，都应毫不退缩，这是一种正确的选择，是值得的。

正确地做事

城市更新是提升城市形象与价值的善举，但拆迁过程中牵涉的利益攸关者众多，这直接决定了它是一个庞大而复杂的工程。拆迁主体要准确把握工作的关键，比如思维的系统性、工作的连贯性和突破性，还有解决方案的科学性，以及关系博弈的效益效能等各个方面。

在拆迁工作中，要注意拆迁的整体系统性，紧紧围绕拆迁的成本、质量及推进速度去系统考量综合平衡。在此前提下，保持拆迁工作的连贯性，拒绝走走停停，克服断断续续，连贯性具有给工作累计加分的功效，可以实现在量的叠加中达到质的飞跃。拆迁工作的突破性是一种助推器，每一次突围都代表着某个阶段的胜利，也是对工作付出的鼓励与嘉奖，有助于增强取得全盘胜利的信心。

面对拆迁的具体工作，城市更新企业要讲究章法，制定科学的解决方案，用合理的计划指导我们的实际行动，不盲目乐观，不盲目周旋，以结果为导向，有的放矢，严格控制工作推进的进度，掌控好目标节点。在谈判博弈中，要注意技巧的运用，重视效率，更要注重效能，让利益双方的关系从敌对僵持到相互吸引，再到化解纠结和冲突，通过价值等分实现价值对等，最后实现和谐共赢。

面对烦琐的拆迁事务，要始终坚持"公开、公平、公正"的工作原则和"热心、耐心、细心"的工作态度，传承发扬"5+2""白+黑""雨+晴"的工作作风，细心讲解政策、认真落实安置，积极化解矛盾。在"面对面"中了解情况，在"心贴心"中寻找办法，在"实打实"中解决问题。一个口径做工作，一个标准谈拆迁，真正做到依法拆迁、阳光拆迁、和谐拆迁。

在工作中精进

经过长期的拆迁工作的磨炼，在日复一日的工作中精进，必将受到许多启发。

首先，在艰辛而又漫长的拆迁过程中，作为拆迁主体企业中的每一个人都可以通过一步一个脚印稳打稳扎地推进工作，行使自身岗位职责，坚守原则，独力承担自己的责任。这必将有助于培养我们职业化的处事风格和独特的个人魅力。

其次，经过不停地提倡以结果为导向，必将促使我们形成牢固的"结果比过程重要"的观念，强化工作的节点意识与执行力。

再次，在与政府、被拆迁户及其他合作伙伴的利益平衡中，我们将逐步摸索出合理合法的博弈秩序与博弈规则，促成城市更新的理性回归，在理性中推动城改向前发展。

最后，高度关注问题的适度冲突可以让我们变被动为主动，化混沌为清晰。就如我们长期专注于思考人生而获得人生顿悟一样，对拆迁的持续高度关注能让我们对其内部错综复杂的关系烂熟于心，便于我们理清思路，有效开展工作。长期的高度关注也有利于我们反思和审视自身，做到对事更加用心，且能促使我们细化思路，分解目标和困难，克服恐惧，改变思维方法和工作方法。对以往的拆迁工作，无论是我们的深思熟虑、全盘战略，还是直面责任勇于担当；无论是坚守忍耐、不屈不挠，还是积极配合勇敢面对，都是我们对拆迁高度关注的直接体现。

　　有了艰辛的汗水，自然也就有收获后的喜悦。这是高度关注迎来的惊喜。克服拆迁过程中大大小小的困难，企业所依靠的都是对事业的信念。拆迁，不仅是对企业耐力、毅力、意志的磨炼和锻炼，而且会积累专业的拆迁技能和丰富的旧改经验，在城市更新的业务水平上也将得到大幅提高，各专业人员也将相应地成为某一领域的专家，自然也就成了企业宝贵的人才。

梦想与行动的能力

人人都有梦想，它是美好的希望和向往，是人们前行的方向和创造一切的原动力，也是我们生命意义的所在。人有梦想，才有希望，才会萌生无穷创造力，而不会在喧嚣浮躁的世界中迷失自我，不会局限于现实的羁绊，也不会再畏惧困难，害怕失败。

梦想不能只靠想，必须将它带入实现梦想的轨道，它才能离我们越来越近。目标让我们将大而空的梦想具体化，我们将梦想分解成一个又一个可实现的目标，所有目标的聚合形成通向梦想的阶梯。在梦想实现的过程中，迈上每一级阶梯都需要制订详细计划和实施方案，每一个阶段都是一个节点，每一个节点既是一个阶段的终点也是下一个阶段的起点。如此有规划、有步骤，一步一步接近梦想，那么梦想还会遥远吗？

只是有梦想和目标，还不能真正梦想成真，关键还要把它转换成实际行动，行动是我们迈上梦想阶梯的步伐。前人告诫说："梦里走了许多路，醒来还是在床上。"这说明梦想和现实是有差距的，有梦想有目标，却不付诸行动，这叫纸上谈兵。有了梦想和目标，就应该迅速有力地实施，锲而不舍，坚持不懈地执行预定计划，扫除梦想前面的障碍，不断向着目标前进，才能最终站上梦想的高地。

行动是结果之母，但行动总要与能力伴随才能生成结果。职业人需要哪些方面的核心能力呢？

核心能力，就是你的核心优势，是别人不具备且短时无法复制的一种能力。人们要有意无意地去建立和完善自己的核心能力，充分去展示自己的独立性。自己的核心能力主要有：对上有追随力、对下有领导力、对外有影响力、对内有执行力、对己有平衡力。

对上有追随力。指的是对自己欣赏的人，诸如长辈、恩师、偶像、标杆等，要充分信任、高度肯定，以实际行动予以支持，在成就"上"的同时完善自己。懂得欣赏别人，保持心中存有敬畏，才能有勇气面对自己，激发自己的强大力量。

对下有领导力。是指你对晚辈、下属以及欣赏你的人要有引领力和指引力，以及你能获得的尊重、信任和支持。领导力的高低决定着你事业的高度。

对外有影响力。指的是你用别人乐于接受的方式，适时建立自己的个人品牌，立言、立信、立德，用无形的力量改变他人的思想和行为。另外，它体现了你的人际磁场的强弱。权力的影响我们不得不接受，但非权力的影响力往往才能真正展现个人魅力。

对内有执行力。指的是要主动思考，积极参与企业、团队的经营，在决策出台之前要献计献策、贡献智慧，决策出台后，能抛开异见坚决执行、贯彻到底，直至达成预期的结果。

对己有平衡力。指的是要培养强大的内心世界，能逆转失衡、平复纠结，悟得人生智慧。社会竞争激烈，个人容易纠结于梦想和现实的差距之中。平衡力就是用阳光的心态正视自己、洗涤自己，做到"哀而不伤，乐而不淫"，使心灵平静，回归阳光。

企业和人一样，也需要梦想。凡基业长青、取得赫赫成就的百年企业，无一例外都有远大的梦想，没有梦想的企业，"其兴也勃，其亡也忽"。

一家有志气的企业一定有成为所在行业领跑者的梦想。当然，稳步、健康和可持续，业务、资产、人员结构的优质化也可以是一家企业的梦想。此外，成为员工创造价值、共享价值的平台，让员工快乐工作、幸福生活，这也可以是一家企业的梦想。

这样的梦想要实现，离不开企业每一个成员的踏实行动，每一个员工都要以更强的决心，更大的魄力，更强的意志，攻克难关，跨越一个又一个目标，取得积极的结果，推动企业发展，创造自己的美好生活。

责任

记得我的小学是在跳级中完成的，那时村子里求学的孩子少，老师也就那么两三个，所以一年就学完了两年的课业，小学时候的责任就是听老师的话。上了初中，一开始的责任是保证成绩及格不留级，到了初三那年，忽然自我清晰了明确的责任是考上高中。后来上了大学，深知父母都是普普通通的农民，一切只能靠自己努力争取，所以当时的责任就是努力分配到一个好单位。1989 年，我如愿以偿地分配到某省厅，这时的责任反而简单，就是记好账，赢得同事和领导的好感与尊重。

直到 1992 年，放下"铁饭碗"南下深圳，这时才感觉生存和发展是如此不容易。接下来的十多年时间，走南闯北，甚至走出国门，辗转六十多个国家。这时的责任是胸怀天下，相信梦想，热血奉献，广结资源。从新世纪初期开始，我把自己定位为职业事业人，这时的责任十分明确，在有契约精神的时代里，以平等、透明、公平竞争的思想管理企业。

这就是我的责任意识形成的过程，它不是与生俱来的，而是在后天经历中，随着角色的变化，逐渐形成承担与职责、义务相对应的品格。与不少同龄人相比，可能我经历了更多，对责任的认识也更加深刻。

责任的含义

责任究竟是什么？

责任驱动人进步。思想决定态度，态度指挥行为。有责任的人有较强的主观能动性，那是一种推动人趋利避害、躲避风险的本性，能引导人正视问题和挑战。责任使人努力，会使人不断提高业务技能和完善知识储备，以具备履行责任需要的知识和能力。责任还能促进分享，共同的责任能杜绝敝帚自珍的恶习，加快团队的成长。

责任是承诺，是担当，是相信。责任首先要承诺，在需要的时候挺身而出，承诺自己所能承担的责任，使之贯彻和兑现，这既是勇气，也是智慧。责任需要担当，担当的目的是改变，改变现状，进步完善，给上予支持，给下予希望。责任也意味着相信，相信企业具有远大的前景，能给予必要的舞台和支持，相信团队的战斗力和凝聚力，相信个人的选择和能力。

每个人都是独立个体，要独自承担责任。工作本身就意味着承担某种责任，踏入职场就必须独立，同事、上司都不能成为你依赖的对象，代替你承担责任。自己才是最可靠的依靠，只有不断地锻炼能力与本事，在淬火中面对和承担，去行动去创造，直至百炼成钢，才是真正地对自己负责。

应对和承担责任

分配责任的时候，人越多，人的责任感越少，这是著名的责任稀释定律。在日常工作中我们可以看到，同一件事情，做的人越多，每个人的责任就越模糊，出现扯皮的情况就越频繁。然而，在一家企业里，我们希望通过组织成员的共同努力突破这个定律，即人越多，责任越多，人人都敢于承担该担的责任。

坚持责任原则：即使别人做错了，我也要做对。我们企业里常见的现象：有些员工事情没做好不敢面对，喜欢拿他人的过失作挡箭牌，认为"别人都是这样做的，所以我也可以这样做"。以此为借口逃避责任。岂不知别人做错，不是我不做对的理由，人人都要对自己做错的结果负责。

责任下移。责任应适当下移，善于授权令责任落实到每一个人，使责任归位，让团队成员各司其职，自我驱动，自我管理，共同承担目标和责任。在责任下移的过程中，要注意建立清晰的业务流程和管理流程，同时健全检查机制，做好监督和节点把控。

"不相信。"管理上不应该相信人性，而要用制度来管人，这并非是对人的不信任，而是对风险的预判和防范。在事项推进过程中，不会出现绝对的一帆风顺，可能在人员安排上出现疏漏，可能在进程中出现突发任务打断计划，可能因不可抗拒因素导致延期，以"不相信"的态度，制定规范的流程机制，以管控和规避过程当中可能出现的变化与风险，才是负责任的表现。

结果导向。要提高判断力和行动力，坚持自信自强自助，以事实说话，对结果负责。结果导向强调谁受益谁负责，面对自我受益的事情，要敢于承担下来，创造出好的结果。这里要指出的是"结果"并不等于"完成任务"，好的结果是创造出有价值可与"客户"交换的"产品"，而有结果但无价值或尽了责任但无结果的事情，都不是我们所真正需要和倡导的。

不可否认，责任会带来压力和困扰，但更多的，它会带来成长、快乐、自信和充实，能让人在各自工作岗位上出色完成本职工作，并创造一个好的结果。责任也能让人保持赢的姿态、积极的心态和向善的行为，在收获结果的时刻始终想着对价值和目的负责。

要持续稳步前行，要让员工快乐工作、幸福生活，这是每一家企业的责任。与此同时，员工要全力支持公司，在其位谋其职尽其责，敢作敢当敢为先，与企业共担共享。

自律

本能与自控

本能，是欲望，是感性，是蒙昧，是无序，是原初态，是习惯性行为，是导致冲动、引发失控的作祟者。

自控，是人对自身的情感、欲望、冲动施加的抑制和管理，是规避不理性的自身行为。缺乏自控，常常会导致不良后果，比如随心所欲地花钱、肆无忌惮地发脾气、经常拖延不守时、大喜大悲闹情绪，等等。

自律，是遵循法度，是自我检束，是自觉自发坚持重复积极的行为。

本能是欲求，有积极有消极，视欲念而定。冲动有好也有坏，有时是邪恶的魔鬼，有时也是力量与激情的爆发，视程度而定。失控如脱缰野马，确实令人困扰。自控是修炼，自律是更高形式的自控，也就是更高级的素养。所以，由本能到自控再到自律需要历练。

自律，不仅是人行于世的通用能力，也是人的高贵品质之一。自律既能抑制不符合理性的愿望、动机、情绪和行为，又善于激励个体勇敢地执行正确的决定。能严格自律是人坚强的表现。自律是值得我们每个人终生修炼的能力，它能带给我们巨大的精神力量，影响我们的身体健康、心智水平、人际关系和事业发展。没有自律，就没有好的行为习惯。没有好的行为，就没有好的人生。自律是人类的美德。美好的人生建立在自律的基础之上。

定位与平衡

人的一生是与欲望抗争的一生。人不能自律，任由内心私欲膨胀、由着性子胡来，就会沦为欲望的奴隶，不得自由。自律之人，才是真正自由的。没有框的玻璃易碎，没有轨道的车易翻。自律是自由的前提和保障。

人生也是一场玩转平衡的游戏。只要是人终有其内心独立的存在，每个人都要找到生命平衡的出口，有人自己奖励自己，有人选择倾听，有人享受孤独，有人消费纵欲，有人洗涤心灵，有人清退记忆，有人拼命工作，有人追求信仰，有人学会遗忘，只要找到了合适的人与事，一切皆释然。平衡是一方取代另一方的存在，这个过程离不开自控自律。就拿压力来说，压力人人都有，压力的源头是孤独与焦虑，人的孤独源自不完整的内心、短浅的视野和无止境的欲望。所以，由压力转变为动力的平衡同样需要自控自律。挡住诱惑、耐住寂寞、挺住痛苦，这些都需要自律去平衡。

自律，当以何为律？我认为，它就是我们的准心和定位，即正确的世界观、价值观，正确的人生目标、事业目标。人生在世，每个人都有心中的定位，没有人能一手把你拽入天堂，也没有人能一脚把你踩进地狱，当正能量、正确的观念超越一切的狭隘与自私时，万法唯心，"我"成了一切的根源，命运就会掌控在"我"自己手里。

作为职业人，我归纳出的自律特质至少表现在以下四个方面：一是抵御诱惑，有过硬的职业道德素养，能在各种利益诱惑下稳住自己，有正确的利义观。二是自我管理，在力所能及的范围内做企业形象的代言人和员工的榜样。三是担责意识，把职位当作责任，对自己的工作充分负责。四是坚持不懈，面对激烈的竞争，尤其是在面临困境时不轻言放弃，顽强坚持。以上是基于使命感、事业理想的自律表现。

加强自律要从本心开始，只有发自内心的改变渴望，才能让自律持久笃定。我们要从内心唤醒对自律的清醒认识：我们要认同自律，相信它可以让我们接近更好的自己；我们不可顽固不化，作为人要常思变；我们不要迷信自己的"自知之明"，对自身的评价往往"报喜不报忧"；我们不要寄希望于顿悟的瞬间能改变人生，更多的改变是日积月累长期自律的结果；我们也不要以为没人关注，君子贵在慎独；自律是自己的事，不要用"差不多"来降低标准豁免自己。从心改变，学会自律，我们将从平凡晋级到不一般，从不一般升华到非凡。

意志与坚持

自律靠意志，意志靠坚持，坚持在行动中自律。要想成为有良好自律的人唯有坚持不言弃，相信历练，相信善之行。一日三省，时刻自重自警自励，做到心有所畏，行有所止，言有所戒。敬畏承诺、敬畏程序，珍惜感情、珍惜名誉、珍惜当下生活。

然而，多数人都是"高级的策划者、低级的执行者"，常常混淆了"知道"和"做到"的本质差别。知易行难，改变旧有行为习惯很难，把积极的改变巩固为新的习惯更难。要改变，就要坚持践行，多做应该做的事，少做和不做不该做的事。人的时间有限，所以决心一定，就要即刻行动。成功有效的改变都是持续积淀而成的，切忌一曝十寒。值得强调的是，在坚持改变的行动中要借助规划来强化自律，发挥规划的力量，它能初步保证我们不会三心二意和免受外界的意外干扰，让我们更能把控难以驾驭的环境。

在行动中坚持全身心投入，积极参与改变，就会创造出势不可当的力量，从而触动周围人改变。如此，我们与环境之间就彼此促进，相互塑造，达到平衡。

简单来说，自律就是承担起自己投入生活的责任，就是对工作充满热情并积极做出贡献。只有每个人都能在不断自律之后，养成持久的行为习惯，才能成就理想的自己。

客户至上

　　作为商业组织的企业，衡量它价值的标准是什么？是看这家企业能不能实现长期的有效增长。有效增长，说得朴素通俗一点就是追求利润，而"长期"意味着企业必须能持续地活下去。企业追求利润，赚谁的钱？当然是客户的。谁能让客户自觉地掏钱，并且长期地掏钱，谁就能活得好活得久，甚至活得伟大。企业能持续经营的前提是客户需要它，企业利润的获得实际上是通过使用价值的交换来实现的，而这种交换是以企业的有效产出与客户乐意支付的价格相互交易的形式呈现的。

　　对于企业，客户才是它存在的根本理由，客户的需求才是企业发展的第一原动力。因此，"客户是上帝""客户是衣食父母""以客户为中心"等应运而生。以客户为中心，是企业一切经营管理活动的原点，其他一切都是为了满足客户需求的手段和途径。如果不以客户至上，我们日复一日工作的意义在哪里？又以什么来衡量我们劳作的价值？更何谈价值与成果的分配？那么，作为企业，我们究竟如何理解"客户至上"？我想从品质之真、增值之善和共赢之美三方面谈谈看法。

品质之真

品质，就是产品的质量，是产品价值最核心的部分，是产品的生命，是产品价值的体现。有形的产品只是交换的物质媒介，产品所具备的质量才是连接企业与客户的坚实纽带。人们不会或者不愿为一个品质低劣不具有使用价值的物品付费，这是市场经济价值交换的规律。

高质量是产品在使用性、安全性、可靠性、经济性等各方面能最大限度地满足客户群体的需求。比如，对于一家地产开发企业，确保建筑主体结构、外立面、室内装修、水电气管路等各方面的高品质是根本，也是它立于市场的基本诚信。高品质内含高价值，高品质能赢得客户信赖，进而赢得市场青睐。

企业之间的竞争最终反映为产品的竞争，产品本身是最好的营销卖点，没有货真价实的产品，再好的营销也不可持续。要打造高品质产品，一是要抓住产品这个根本，一切脱离了产品质量的利润追求都是舍本逐末，所以好的地产项目从破土动工开始就把建筑的质量放在首位。二是高品质出在细节里，从项目可行性研究到产品的市场接受度调查，从建筑材料的选择到施工程序的规范化，始终秉持精益求精的匠心，通过建立完善的质量管理体系，对产品生产进行全面严格的监督和管控，致力打造品质上乘的精品工程。

增值之善

如果说高品质是对"客户至上"的基础性要求，那力争保值增值就是企业应有的更高级追求。如果没有基本的品质，企业就没有生存的基础，如果没有保值增值，就没有未来。

所谓能保值增值的产品，无疑是贴近人性、贴近客户的，除了过硬的品质，还有设计美观、使用方便以及对环境友好等诸多美好的特质。从摩托罗拉商用手机到苹果智能手机，这些具有划时代意义产品的出现，无不遵循这一规律。

值得注意的是，先有需求，再有市场，"客户至上"不等于"市场至上"，企业不能只跟着市场潮流迎合市场的短期机会而无视客户潜在的需求。当然，企业也不能太主张技术至上或资本至上，那样会让企业走入脱离生活需求的象牙塔，又或者落入资本逐利的死循环。

客户价值增值不仅限于看得见的产品，还有无形的服务。积极主动服务客户，是企业成功的真谛，"服务至上"是无数企业由小到大、由大到强的制胜法宝。二流的品质加一流的服务，客户也会给予理解和支持，一流的品质加一流的服务，就能得到客户的尊重与认同。

共赢为上

市场是利益竞争的战场，但利益竞争并不是非此即彼的，它是一种通过利他来利己的竞争，我们可以将利他视为企业的有效产出，利己视为企业追求的利润。企业要想长久地立于市场并受到尊重，绝不能利益独吞，而只能是赚取适度的利益。

从狭义的客户即直接购买我们产品的用户角度说，他们为产品的使用价值和服务体验买单，如果企业不能提供好产品、好服务，不为客户解决问题，而是无谓地浪费客户时间和金钱，客户的体验如何好起来，企业何来利润，何谈共赢？从广义上的客户即企业利益相关者而言，政府向企业要税收，供应商向企业要货款，员工向企业要具有竞争力的薪酬，社会向企业要求高又公平的效益，利益攸关者各有所需。企业要让各方分享利益，在共创到共享再到共创的循环中共同成长。

企业管理的核心命题无非是找准客户需求、找准企业产品定位、找准企业战略、找准管理者。但归根到底，这一切都要以客户为根源。企业的价值取决于它为客户解决了多少问题。问题就是现实与目标之间的差距，也即客户的需求所在。解决问题的有效途径就是企业战略，战略实施为企业有效产出的产品和服务提供组织保障。产品和服务满足客户需求，成就客户理想。

客户至上，促动企业为社会解决各类问题，把社会从混沌改造成有序，从野蛮推向文明，从原始蜕变成现代。以客户需求为中心，企业能不断追求品质之真、增值之善、共赢大同之美。

职业

从大学毕业进入职场，先是作为职业人，后又作为职业管理者。在这些年的职业经历中，我逐渐形成了自己对于"职业"的主张，并躬身践行多年，在此作进一步探讨。

职业与文化的思考

经过长时间的观察，我发现优秀的企业都有一些共同的表现，比如经营稳健，比如一以贯之，又比如持续又持续。而支撑这些的深层逻辑，往往是这些企业具备良好的职业化管理和优秀的内部文化。

那职业和文化有哪些共性呢？一是植根于内心的修养，二是无需提醒的自觉，三是以约束为前提的自由即自律，四是为别人着想的善良。给别人一点阳光，送别人一份温暖。这是我在职业经历中常常给予别人爱意和善意的根本原因。

我们都知道，人是企业的第一核心资源，而企业的内部文化和职业化管理机制，都是由人塑造的。作为职业管理者，其宗旨是为企业服务、为管理服务。那么，在走向职业的路上，我们如何理解职业人的本质，当修炼什么样的职业本能？理想的职业境界有几层？

职业人是价值创造者

价值，体现在物质和精神两个方面，物质方面以结果的形式体现，精神方面以效率或者效能的形式体现。而价格，仅仅是价值的货币表现形式。

作为职业人，如要追求好的薪酬、好的晋升通道，就该做有价值的事情，即做正确的事和用正确的方式做事，用结果、效率、效能赢得组织的信任，进而交换价值。公司的每个业务部门和管理部门、每个部门的每个岗位，都应该贡献自己的价值，才能赢得周边、上级和公司的信赖。

那么，如何创造价值？

首先是创造盈利。这一方面是职业的本质要求，同时也是企业经营的目的所在。而在创造盈利的过程中，要用结果衡量，而不能以"苦劳""敬业"之类作为价值评价指标。

其次是创造机会。作为职业人，为组织创造机会，不仅能解决企业持续发展的道路问题或战略选择问题，也能在解决实际问题的过程中实现企业利益最大化。与此同时，创造机会也为职业人自身提供了岗位价值。

最后是创造分享。分享的内容是价值，分享的前提是先有价值存在。先创造价值，才能创造分享。从表面上看，分享是资源的分配，从更深层次上看，分享又具有聚合资源的功能，能为下一轮更大价值的创造凝心聚力。通过合理的价值评估，企业将形成"创造—分享—再创造"的良性循环，这就好比是一股正能量在企业内和顺地运行着。

让开拓创新成为职业本能

在生活和工作中，很多人会以本能行事，"我以为""我觉得"的思维模式大行其道。但这种本能思维降低了我们的效率和效能，误导我们的判断，阻碍我们达成目标。

面对当今时代的快速发展及其所带来的不确定性，我们非常有必要克服惰性本能，培养职业本能，即发自内心的开拓进取勇气。要持续，唯一不变的方法就是开拓。不断开拓渠道与业务理应成为我们的职业本能。相应地，职业人也要训练自己的职业本能。

创新是拉开差距的助推器。创新有它强势的外显形式，在条件认可的情况下，创新就是能力的表现，在条件不认同的情况下，它就表现为偏执。尤其是创新型企业，对偏执有着迫切的需要。

人生也是这样，用心就是生活，不用心就是活着。我们的生活品质，无论是内在的心境还是外在的形式，都取决于我们对职业本能的改造及延伸的可能性。随时准备开拓创新，才是积极阳光的人生态度。

职业三境

第一境，于己律正。律，自律，人生需要最大的勇气就是面对生活的琐碎，这种重复与琐碎也需要充分的自律作保障，并能长期坚持不变形。正，正心正念正行，让自己走在阳光路上。人与自己的梦想之间，首先隔着的就是阳光心态。心正则行定，行定则专注，专注则强大。

第二境，于他求和。以和为贵，和气生财，这在商业环境里表现得尤为突出。著名的冲突管理理论中关于"妥协"的内涵，其本质就是求和。武断利己，合作利他，人不可过度挥霍缘分，求和才是最佳的生存之道。

第三境，于利共享。做人，赢在格局，输在计较。共享经济理念已然风靡，我们不能在"共享"的当下，夸大自身的贡献，以至于私欲过盛。私心，是走向职业的最大挑战，这关乎我们对"舍"与"得"的真正理解。职业人在创造价值的同时，要树立利益共享意识，致力于营造共享生态。在企业内部要创建利益分享机制，让员工共谋共创共享；在企业外部要构建利益分享的价值链，让企业、客户、合作伙伴多方共处共赢共荣。

在追求职业的道路上，我们的内心可以秉持"修己安人，持经达变"的信念，试着设定某种心理机制，即随时随地与人为善，包括给予物质利益的，也包括给予机会、尊重以及自我实现等层面的。如此，职业人也许可以精进到"创造自我，追求无我"的境界。

第 三 篇

职业之力

财务战略思考

企业财务负责人，应如何去思考管理企业，尤其是企业的财务战略，比如为何要有财务战略，财务人员应具备哪些能力，财务管理有哪些功能，如何建立盈利通道与模式，财务战略的基本内容与局限性体现在哪些方面，等等。

为何要有财务战略

首先，理想和假设是实现财务战略的基础。战略源于假设与想法，想法大一点就是理想。对理想的追求，加上实现理想的条件与假设，以及实现理想的步骤和安排，就构成了战略。我们身处资本市场全球化的时代，财务管理的现代化是企业发展的迫切需求，因此对财务人员也就提出了较高的要求。毫不夸张地说，财务人员没有想法就不会进步，企业没有财务战略就没有方向。

其次，挑战管理权威。就现状而言，一般企业都是总裁（总经理）说了算，财务总监和经理不被重视。那么，要怎样树立财务管理的权威呢？通过财务的一系列战略安排，把"财务管理是企业管理的核心之一"这一理念引导到全体员工意识上来。这种权威当然不是个性的，而是财务在管理、专业、设计各方面对企业发展有所贡献而树立起来的。

再次，树立管理核心。在企业战略之中，财务战略是核心，起主导作用，我们要通过财务战略目标的设定来开展计划、安排业务、配置资源及实施管理。

最后，企业战略有需求。企业以盈利为目标，财务战略如果没做好，企业战略将是空洞的，任何企业在规划发展战略时，都需要有财务战略。当然，各个下属企业也不例外。

财务人员的能力表现

以前的会计多为记账而记账，随着市场经济的发展，资本化竞争越来越激烈，对财务人员提出的要求越来越高。现代企业的财务人员至少应该具备以下六个方面的能力。

一是帮助企业盈利的能力。从财务的角度看，企业的经营目标就是盈利，而非名声、传承、规模、排名等。财务人员要坚持财务的原则，比如某个项目在立项测算中预判是亏损的，就要敢于反对立项。财务人员要处理好与经营者及管理者的关系，帮助管理者建立盈利渠道，找到利润池。只有企业盈利了，才能分享企业的成果。

二是提供解决方案的能力。财务人员经常会提出问题和建议，却没有实施方案，这显然是不够的。当财务人员发现问题时，还要设法找到解决问题的方案。

三是以利润为导向的产品定价能力。很多企业的财务人员没有介入产品定价，无论是制造业还是房地产业，定价涉及税收筹划、运营安排等诸多方面。比如，房地产销售在某一个临界点之上价格定高 100 元／平方米就可能得不偿失，因为土地增值税率提高了一个等级，导致增加的土地增值税超过了 100 元／平方米。又比如制造业，保本点在哪里，安全边际在哪里，在淡季是正常生产放库存划算还是按需生产不管生产的固定支出划算，是扩大销售摊薄固定成本还是维持销售保证单位毛利，等等。这些都涉及产品的合理定价。

四是资本项目化与项目资本化的能力。有的企业很有钱，但财务人员不知如何用，只能让它存在银行。这种情况下，财务人员是否可以给公司理财，让它多产生收益，或者可否给它找一支基金，让它获得更高的收益。又或者企业有项目了，但资金不够，能不能够找到合作伙伴，建立融资关系，推动项目运作。

五是沟通公关的能力。财务人员要与税务、海关、财政、审计、合作伙伴等方方面面打交道，这需要较强的沟通公关能力。

六是双重协调的能力。CFO（首席财务官）既要对董事会负责，又要对总裁或总经理负责，因此我主张财务人员建立垂直管理体系，外派财务人员既要对财务管理部负责，也要对本企业总裁（总经理）负责，既要做好监督工作，又要做好服务工作。

财务管理的功能

财务管理的功能表现在哪些方面呢？

第一，追求利润的过程就是财务管理的过程，财务管理的功能要在追求利润的过程中展现出来。企业亏损了，财务管理要设法减亏、扭亏。企业盈利了，财务管理要促进企业更好地持续盈利。

第二，紧盯财务杠杆，防范风险。行业负债率水平、企业负债率水平，都需要财务人员进行有效控制。应收款收不回来，存货周转低于行业平均水平，财务人员要控制风险并加以改善，使企业的速动能力、流动能力、偿债能力回归正常。

第三，关注盈亏平衡点。通过量本利的分析，找出机会成本、沉没成本、差异成本的特点，合理确定价格策略，确定新产品是否需要促销，通用产品规模是否需要扩大，经销商利润是否过高，以及如何降低变动成本、摊薄固定成本，从而发掘利润来源。

第四，推动和监督目标执行。财务人员的管理推动力往往不够，比如企业未完成预算目标，未沿着目标指引去推动，财务人员显得无能为力。又比如企业绩效出现"你好我好大家好"的现象，财务人员也没有去监督。

第五，重视 ROE 的表现。财务要重视净资产收益率（ROE）的表现，因为资金是有成本的，如果公司的净资产收益率低于银行贷款利率，说明公司的盈利能力很差，那还不如将资金直接委托银行放贷出去收利息。重视 ROE 分析，找出盈利能力跟资本价格到底有多大差距，以便改善 ROE 的表现。

第六，全面预算管理能力。现代优秀的企业全都执行全面预算管理，公司要推行授权管理，走职业化之路，只有全面预算管理才能确保系统的完整性与规范性，以及内容的真实性与可执行性。

第七，持续设计的能力。作为企业，想融资或发行股票，没有持续的盈利能力是不会被市场接受的。另外，企业在规模、盈利方面随时有可能遇到瓶颈，这些就要求财务人员要充分思考企业的未来，并设计持续盈利的模式。

如何建立盈利通道

盈利通道，是指利润从哪里来。这是一家企业的财务人员、总裁、总经理都应该面对和思考的问题。那么，如何建立盈利通道呢？

第一，做好组织架构下的投入产出分析。企业的投入与产出是否合理，地产行业的人均产值是多少，制造行业的人均产值是多少，营销人员人均销售额的正常范围是多少，企业在什么情况下应追加投资，是否在产品乏力、市场渠道开拓艰难、销售能力不高的情况下追加投资，车间工作不饱和的情况下是否需要减少生产线和员工，等等。这些都需要以投入产出分析为依据。

第二，遵循"速度＋价格＝价值"原理。市场竞争给企业压力，快速反应能提高企业的竞争能力，快速反应可以获得比别人更多的机会，是赢得市场地位的竞争砝码。著名的杜邦分析"净资产收益率＝销售净利率 × 资产周转率 × 权益乘数"公式，其中的"销售净利率"本质上讲的就是价格，"资产周转率"就是速度。如何让价格合理一点，让应收款快一点，让存货转得快一点，让固定资产更有效率一点，这些都是很有讲究的。

第三，管理现金保有量，为盈利创造空间。企业账上有很多余钱，只能说明资金效率没有得到充分发挥；账上资金不足以应付危机，导致现金流不足而倒闭的企业比比皆是。合理管理现金保有量，是财务管理的应有之义。

第四，发挥边际贡献。按照"利润＝边际收益－总固定成本"推断，如何增加边际收益、扩大销售、提升单价、降低采购成本、削减时间成本，这些都值得大力挖潜。

第五，挖掘资金时间价值。企业的银行账户资金有没有与银行谈利率，企业的闲钱有没有理财，股东与下属公司的借款是否要计息，投资项目每年固定 5%~6% 的回报是否可以投，躺在存货里的利润是否能视为真正的利润，如何让沉淀的资金运转起来，等等。这些都是时间价值的问题。

第六，建立完善的分享与管控机制。好企业是人做出来的，倒闭的企业也是人做出来的，完善的分享与激励机制能够唤醒人的激情激发创造力，使企业产生盈利。如果没有管控，员工都对结果和公司的前途不负责任，企业就没有前途，员工就没有分享。

关于盈利模式

找到盈利通道后，如何让企业持续盈利，就要思考盈利模式。

第一，工作管理。工作管理是不是一种盈利模式？当然是。工作管理是从管理的角度创造的一种盈利模式。我设计的"计划—指标—考核—薪酬"闭环模式，它能最大程度上解决公平的问题，能解决工作效率的问题。因为效率源于管理，管理创造效益，遵循的就是这一逻辑。这就是职业化的天然优势，它能够塑造流程，提高标准，降低成本，提高效率，这也是它的最终目标。

第二，打造软实力，实现治理结构的突破。企业治理结构完善，才是一家规范的企业。而且，形式上的规范是不够的，一定要名副其实，这是企业的管理文化，是企业的软实力。治理结构完善，企业的盈利才能保证不是爆发或者短期行为，也就具备了长期盈利的基础。公司要上市、要做兼并收购、要融资，没有完善的治理结构，自然就缺少谈判的资本。只有治理结构完善、文化健康的企业才能基业长青。

第三，建立价值评估体系。公司需要对客户、供应商、产品、毛利、规模、影响等进行分类评估，谁是最有价值的，如何挖掘、巩固和扩大有价值的客户、供应商或产品，这要求企业建立价值评估体系。一些制造企业，经销商的毛利高了，就要对经销商做评估。又如一些房地产业的标杆企业，它们将客户按年龄层次、家庭情况分类评估，从而成功确定产品开发定位、营销策略等。

第四，勇于创新，改变现状。任何企业，如果不做创新的改变，经营只会越来越艰难。要突破，创新更重要，制造业如此，房地产业也是如此。只有创新才能奠定持续的基础，只有创新才能建立新的经营模式并保持盈利的增长。

第五，存量的周期管理。存量不仅是存货，应收款也是，应付款也是，资金也是，这些要有一个周期，如何建立标准并管起来，这也是盈利模式。同样投资一个地产项目，三年开发完赚 3 亿元与两年开发完赚 3 亿元谁更有利，答案显而易见。

财务战略的核心

从一家企业的十年战略规划来看，最好的财务战略主要包括以下核心内容。

一是投资战略。制造业，投资回报率不低于 10%，投资回收期不超过 10 年。房地产业，投资回报率不低于 20%，投资回收期不超过 5 年。金融投资业，投资回报率不低于 25%，投资回收期不超过 4 年。

二是筹资战略。制造业资产负债率不能超过 60%，地产与金融业资产负债率不能超过 70%，这是一家企业的合理风险管控线。

三是股利分配战略。采取剩余股利分配政策，强化利润再投资规划。利润分配与发展留存资金有合理的比例，保证股东、员工有及时的回报，企业才有发展。

四是管控战略。管控战略最终目标就是要实现垂直统一管理，形成合力。在投资决策、融资决策、股利分配、资金的使用安排及财务人员的管理方面，都要集中管理。

财务战略的局限

战略是必需的，但战略并非万能，战略也有它的局限性。

一是报表本身的局限性。报表是企业的语言，报表是以历史成本记录资产，每个人对它的理解与解读不一样，这对战略会产生影响。

二是预期的风险。战略是基于一系列的假设、判断、分析而设计出来的，但预期的情况是不受掌控的。过去这些年，地产行业调控频繁，时不时出很多文件，对地产业产生了重大影响，这必定对预期的价值判断有误导。

三是道德与诚信。一家企业，用不同的人产生的结果一定是不一样的，现在是一个诚信严重缺失的年代、一个说话者不负责任听话者承担责任的年代，战略面临道德与诚信的风险，战略需要道德与诚信去检验。

四是不确定的因素。如做旧城改造城市更新，项目可能是有很好的盈利，但业主的拆迁及政府的流程就很难确定，这对战略安排与战略实现会产生影响。

战略有这些局限，是否代表战略无用呢？不是。战略是人规划出来的，战略贵在坚持。企业有没有坚持的决心，有没有坚定不移地沿着战略的道路往前走，这的确很重要。

预算管理下的财务作为

企业经营管理有两大核心目标，一是实现风险控制，二是产出利润。企业的预算管理和所有的经营活动，都对应和指向这两个目标。在这里，我将实现风险控制摆在第一位，因为企业产生的利润即使再多，如果风险控制、预警体制、合同管理没有做到位，利润最后还是会被风险所吞噬。所以，财务人员对这两大目标要非常清晰。那么，在职业化框架下的全面预算管理中，财务人员该如何表现呢？我从财务人员角色认知、能力表现及价值创造三个方面谈谈看法。

角色认知

财务人员扮演着什么样的角色？我以全面预算管理为主线，提出几个角色参考。

一是战略执行者。战略执行为什么跟预算有关系，因为战略需要分解。战略不论是一年、三年、五年还是十年，都需要按年度分解，当分解到年度时，这个战略是有具体目标的，而这个目标是需要进行全面预算管理的。所以，财务人员首先应该是一个战略执行者。

二是资源配置者。企业在投资、工业、房地产各个产业，包括资产结构中的财务会计科目如何配置、如何优化，这是全面预算管理需要考虑的。虽然层级很多、部门很多，不同企业的经营范畴也很多，但是仍要去考虑，这个过程实际上就是资源配置过程。

三是沟通协调者。在全面预算过程当中，企业需要协调、沟通，有些协调需要付出成本，有些沟通能够带来效率，公司的管理层、执行层、操作层，包括公司的股东，都需要有效沟通。

四是数控经营者。数字控制经营在现代企业管理中越来越重要，财务人员不可能无限多，只能通过数字数据来控制经营、控制预算。如果财务人员在数字面前表现得很麻木，那作为一名全面预算管理工作者，肯定是有缺陷的。

五是监督考评者。合格的考评者，知道全面预算管理不是甲部门要多少钱乙部门要多少钱的简单化管理，而是要做好预算的检查、执行、监督、评估。只有全面预算管理者自己的管理思维上一个台阶，企业全面预算管理的质量才能提升一个台阶。

能力表现

一是提升财务的敏感性。

首先是资金。针对现金与现金流要做好现金保有量管理，即企业的现金存量究竟多少才是正常的。从西方企业的财务管理讲，太多的现金可能会分配一些让股东去投资，甚至适当的负债还能带来经营活力。这一点财务人员要有充分的思考和作为。

其次要考虑资金的周转率和现金增值。比如房地产是资金密集型、制造企业是资金流水线型，如果企业一味地追求稳健，资金非常充裕而没有负债或者只是很小的负债，融资的一点点资金对企业的经营产生不了作用，等等。这种情况下，财务人员在这个问题上是值得思考并要高度敏感起来的。稳健当然很重要，但作为财务管理者，作为预算师来讲，应该提出更有进取性的建议，来确保在不同行业下资金的周转效率和现金增值。

再次，敏感性关乎增长与突破。财务管理如果在"额"上没有增长，何谈战略？财务人员思维上如果没有增长和突破的意识，也是一种缺陷。比如制造业增长定了 20% 至 30%，就考虑到了发展。财务人员要有增长与突破的概念，企业要发展、要持续，稳是前提，增长才是真正的发展和质变。在控股股东的思维里，持续很明显，但作为财务团队，如何能让它既持续又增长，同时在遇到瓶颈时如何让它突破，这点非常重要。

最后，在资产结构上要敏感。延续上文提到的资源配置，它涵括了会计科目配置、税务筹划配置、业务能力配置、社会关系配置诸多方面。这些资源的配置最终都会体现在资产负债表上。对于资产结构，企业的终极目标就是优化资产，追求简单。所以，财务人员要能随时保持对经营资产负债表的结构有充分的敏感性。比如在消化呆滞物、提高库存周转率、提升现金流适用率和去除潜在部分亏损等方面，都要充分敏感，让资产尽可能优质化。

二是提高财务的系统性。

关于系统性，首先是治理结构。作为控股股东，财务人员有职责也有能力去做这件事，所以在股权治理上，财务人员一定要有系统性认知。随着业务内容越来越丰富，财务人员在全面预算管理中的事情越来越多，所以要求财务人员在管理上要越来越简单，一目了然。

其次是税务筹划的系统性。财务人员不要太着眼于理论政策，不要被摆在面前的政策挡住了视线，要放眼于战略未来，提前去思考财务管理的合理性。除了遵循政策以外，在筹划上企业可以做好短、中、长的结合，为企业价值最大化做出努力。

再次是解决方案的系统性。作为财务管理者，不能只停留在建议阶段，还要提出解决方案。面对所有的事务，都应该有这样一个思维模式：首先有见解，然后有建议，接下来是解决方案A、B、C，最后是结果呈现。大多数职业人，前两项相对强，后两项却很弱。既然财务在企业资产运营中处于核心地位，那么这种核心地位也要求它能提供解决方案。这就是责权利匹配的原则。给予财务部门核心的地位、决策权以及信任，那就必须有解决方案和相应的结果兑现。

价值创造

一是如何保证战略实现及配置到位。战略需要分解，也需要逐月逐年地累加去实现，在实现战略的过程中，企业有增长还有突破。全面预算管理正因此产生价值，配置也是如此。配置是个大名词，内容、外延非常广。何谓好的配置？小到会计科目、办公用具的合理消耗，大到战略配置中的业务重组、业务互补等。如果这些都能配置到位，就能够产生价值，而这些恰恰都在全面预算管理当中体现和实现。

二是用清晰的数字表达真实的结果。财务人员一定要懂得用清晰的数字来表达企业经营真相。从人的本性而言，我们都希望给董事会汇报好的，掩盖不好的，而真实的数据使我们不能欺上瞒下。在全面预算管理当中，执行得怎么样，爆发了哪些问题，都需要及时修正，而一些小额费用就应及时调整。

三是创造价值要以效能为主、效率为辅。社会在进步，管理也在进步。过去很长一段时期，企业普遍都在追求效率。如何做到正确，如何做到有效率，这也是财务人员应该重视的管理概念。近些年来，财务人员开始注重如何有效能。效能是什么，就是有效产出。这个和全面预算管理有什么关联呢？因为效能一定跟成本有关系，成本跟预算有关系。企业的利润来源是降本增效，扩大收益，扩大来源，减少成本，降低开支。比如说时间成本、资源成本、战略成本、边际成本、资金成本、风险成本、协调成本、周转成本、税务成本摆在眼前的时候，我们如何降低成本，这跟预算是有关系的。但现实中，企业关注的往往只是制造成本、车间成本、人工成本等这些直接的部分，却忽略了时间成本、资源成本等间接的部分。所有这些，财务人员在全面预算管理中都要体现。

最后，积极创造，分享价值。财务工作者及财务总监，要引导我们的核心业务、核心力量、管理层直到一线员工去积极创造，并保持一种乐观的态度，创造有质量的结果。而分享价值也体现在成本预算管理之中。比如，下属企业当年的利润增长很好，营销非常出色，业务也很稳定，这自然要获得价值分享。但作为一个管理者，你有没有能力去承担历史遗留问题呢？比如如何去消化三年甚至十年沉淀下来的呆滞物，这就是一种积极创造的精神。另外，预算与企业的目标责任体系是有关联的，目标责任体系下的激励措施也需要财务人员认真考虑，制订合理的方案，不能奖励过头，也不能不奖励。

用心和担当是一切价值创造的根本。所谓财务人员角色认知、能力表现及价值创造，表面上看是一种管理思维，实际上企业如何把这种思维充实到全面预算管理当中，是非常值得研究并坚持践行的。

感悟专业

因为读了大前研一的《专业主义》，也因为自己走上了职业经理人的道路，所以我对专业真的颇有感悟。

5·12汶川大地震后，世界媒体却一反以往挑剔批评的姿态，对中国政府的救灾行动赞扬有加，原因何在？除了信息透明和开放外，更有专业的关键说服力！总指挥温家宝为地质构造硕士，且从事地质工作20余年，他领导下的"国家汶川地震专家委员会"有30位专家（其中13位院士，17位研究员和教授），强大的专业力量加上军队的执行力令救灾工作迅速而有效。

2008年美国次贷危机引发全球金融海啸，世界经济一泻千里，各国损失惨重。究其罪魁祸首，却是因为一帮"全球最专业的金融机构"操了一种最不专业的业务：积极贷款给无力偿还的人，并将其打包成一个"专业金融产品"卖给全世界投资者！结果，全世界人民要勒紧裤带为此买单。

一场自然界的地震灾害令中国政府在世界媒体面前以专业形象

超越了意识形态的分歧，"专业"展现了它的价值与效率的魅力。一场金融界的"地震"令世界最强大的经济体濒临崩溃，世界金融混乱不堪，甚至国家破产，"专业"显露了其令人恐慌而阴冷的光芒。

尽管有时专业似乎与"破坏、危害、欺骗"有关。人们对"专业"还是满怀向往和推崇，因为大多数的时候，专业与"价值、效率、效益"高度关联。但到底何谓专业？作为企业的一员，我们够专业吗？我们的专业带来了什么结果？我觉得很有探讨的必要。

大前研一先生认为：只有同时具备"专业知识、道德观念、顾客第一、好奇心和进取心、遵守纪律（规则）"等素养才能称之为专业（或专家）。

参照这五大标准，我们不难发现：原来"专业"离我们还很遥远！

专业是态度

传统定义几乎将知识和技能视为专业之全部，但这是误解。"专业"一词起源于拉丁文（laprofession），本意为"向上帝发誓，以此为职业"，它代表"信仰、义务、责任、誓言"。因此所谓专业，首先是态度，是对我们选择的事业（或行业）的一种热爱、投入的誓言和承诺，而知识和技能只不过是实现自我誓言和承诺的工具，但这是必需的。

专业是结果

《哈佛商业评论》前总编塞奥德尔·莱比特教授认为："企业通过商品与服务销售其誓言，顾客购买的就是这种誓言。"他一针见血地指出了企业的运作本质：对企业来说，所谓专业是指能带来结果的态度和行为，是管理或经营的业绩，但最后体现出来的，一定是为顾客所创造的价值或价值的增值。

所以，职业经理人做的是以市场制度与客户价值为行为准则，通过管理创造价值。即便是在规则缺失的世界里，所谓专业人士也需要具备准确判断大趋势的能力，能够带动团队，为客户提供有价值的产品。如果没有这样的能力，专业人士就无法生存下去。

专业是授权

所谓授权就是对下属投资。追求权力容易，但要保持权力却很困难，一味争取权力的人，一旦得到权力却发现自己已陷入埋头应付的泥潭，辛苦劳累且结果难求，最糟糕的是还得不到下属的理解。为何？因为每个人都愿意按照自己的意志行事，而不是由别人决定自己要做的事，"要他们做"和"他们自己要做"，这两种情况产生的干劲和结果截然不同。所以，专业的人（不论管理或技术）之所以专业，是他们一定会评估自己的能力和精力，运用有效的授权来让别人帮助自己分担工作，从而让自己有精力和时间更专业。因此要想使下属潜藏的能力得到释放，与其频繁地下达指令和追踪，不如相信他们潜在的能力、发挥他们的主观能动性，也许这样效果更好。

专业是好奇

专业是怀疑一切后的沉淀，进而带来思考与创新。爱迪生和诺贝尔之所以成为电气和化学专业领域的伟人，是因为他们从不相信有最后的成功，所以毕生都沉溺于对电和炸药的好奇、学习和探索之中，即使遭受致命的挫折。对于过去的，他们从来都不会满足，也绝不会认为自己掌握的是绝对正确的，而是对未知充满好奇和探索精神，并且毕生乐此不疲。对于专业而言，既无时空界限，也无终点和完美，只有永不倦怠的智慧和激情。一个人或一家企业要想获得成功，先要有企盼成功的态度和决心，同时要对自己能够获得成功充满自信，而自信的来源，是永不停歇的探索和学习精神，在追求和探索结果的同时，充分享受过程。

在一家公司职业化的不断推进过程中，变革别人的东西容易，变革自己的就显得特别困难而无力。为何公司的持续这么难？我想就是这个道理。我们要想在变革上有好奇或有激情的创新，就要像比赛中的冠军一样，对极限要有突破。

专业是纪律

未来的世界是平的，没有确定的规则能持续和永恒。未来的世界也是圆的，无数的规则在穿透每个人和每个企业的生存空间。在这个几乎所有的事情都没有正确答案的社会中，要使自己有生存空间、有目标和方向，唯一的可能就是用一套自己的纪律和规则（或者叫价值观）支撑出一片空间，这就叫专业化生存，坚持自己的道德底线（价值观），一旦突破了这个底线，就会陷入一种歌词所形容的困惑"我不再是我，谁又是谁"。那么，我们的纪律、规则及道德到底是什么呢？我们又应该坚持点什么呢？这值得我们深思。

专业和专家

从专业到专家，是一个从优秀到卓越的飞越。当今世界每天都在产生新的行业，同时也在产生新的"行业专家"，在中国经济高速发展的大潮中，相当多的企业领导者都在声称自己是或者很快要成为"领域内的专家"。但只有在面对困难形势时，才发现原来自己只不过是稍有点专业经验而已。

2004年，当巴菲特决定退出金融衍生品交易市场时，特意致信股东说："在各种金融机构当中，快速成长通常蕴藏天大的问题，有时甚至于重大舞弊，要真正测试衍生性业务的获利能力，必须是在无成长的状态下，只有等浪退了才知道是谁在裸泳。"2008年，当我们再看到这段话，就知道什么才是专家。这种只有专家才具备的洞察力、判断力和先见力，促使我们不得不重新思考和定义专业的内涵。

如果我们想要成为专业人才，就必须具备坚定的事业信念、专业的知识和技能、较强的理论及创新观念、所有结果以客户为导向之心、永不厌倦的好奇心、进取心和恪守价值观之心。如果，我们想要成为专家，则在专业人才的基础上再加上洞察力、判断力和先见能力。相信是一种力，相信自己在前往专业或专家的途中始终扮演有用的角色，从而真正达到追求结果和享受过程的专业领悟。

学习

何谓学

对于中国封建时代的大多数人而言，学习是为了一朝金榜题名，光宗耀祖。对于现代人而言，学习更多地是为了追求优裕的物质生活和受人尊敬的精神享受。单从现代人这个群体看，"好好学习，天天向上"是我国领导人对国人的殷切期望；对于父母而言，子女的学习寄托着他们望子成龙、望女成凤的心愿；对于学子自身而言，学习意味着掌握更多的知识和技能。更微观一些，就一个人来说，在他成长的不同阶段，学习的目的和内容大不相同。由此可见，不同时代，不同社会角色，不同成长阶段，人们对学习会有不同的理解。然而，这并不能掩盖学习的本质，也不会妨碍我们对学习的准确把握。那么，学习到底是什么？

学习有广义和狭义之分。广义的学习是指一切从阅读、听讲、影视、网络、研究和实践活动中获得知识的过程，它包括吸收书本知识和实践活动的体验。狭义的学习专指对书本知识的获取，也即通常所说的读书。从广义的学习来说，学习是涵盖一切的，阅读、生活、工作，都是学习。学习对人生是一种建设、一种完善，是人的智慧来源。"读万卷书行万里路"是对广义学习的最佳诠释。这是因为，书是学习的对象，社会也是学习的对象，理论知识是学习的对象，实践活动也是学习的对象，我们既可以从知识去参悟人生，也可以将人生去比照知识。人的一生充满学习，学习伴随人的一生。

为何学

好学者都有一种体会，就是学习能让人心态年轻，让人觉得自己仍然在进步在向前，自己得到不断的充实与完善。学习使人真切地感受到自己的潜力和生命力，能赋予人的生命新的意义，让人的每一天、每一个小时都不会碌碌无为地白过，学习还能使我们摆脱不少低级趣味的无聊纠结。总之，学习能让我们的胸襟开阔，找到内心的平衡。

这是从学习者个人主体的视角看待学习的意义。那么，从社会现实的层面看，学习的意义又是怎样呢？

《世界是平的》一书给我们描绘了一个残酷的未来世界：全球化浪潮必将影响着世界各国的政治、经济及人们日常生活的方方面面，未来的社会个体将逐渐对自己的生存、风险和经济安全负责，而政府和企业最多只是帮助人们形成这种能力。该书的寓意旨在告诉我们：个人唯有通过不断地学习新技术和新知识，拥有更多的专业教育，不断地调整自己的心态，学会自我成长自我调整，提高自身的竞争力，才能在平坦的世界中有自己的立足之地，否则只能被世界抛弃。

无论是作为社会个体的员工还是作为社会组织的企业，都有成长发展的需要和必要。企业的发展与员工的前途息息相关。学习是获得知识的主要途径，学习是员工和企业成长的"营养"来源。当前，绝大多数企业鼓励员工学习，就是顺应社会发展的趋势，将员工成长与企业发展紧密联系起来，许多企业专门设置自己的企业大学、企业研究院和经理人学堂等，正是出于这一目的，通过打造学习型企业，帮助员工成长，推动企业持续发展。

由此看来，学习是进步的动力，对个人、对企业都是如此。

学习还能满足我们对成功的渴望。学习的过程是一个见贤思齐、向标杆与榜样靠拢的过程，是一个树立阳光心态、强大自己内心、积极指导行动的过程。通过学习，人可以改变自我，从进步中获得满足感，人也可以改变企业、社会的现状，从而获得成就感。通过学习，能满足我们的生活所需，也能满足我们的精神所需。

学以用

学习最重要的一面是学以致用，学习要同个人的社会实践、生活、工作及事业的发展紧密结合起来。这是所有学习的落脚点。

学习可以助人怡情养性，但现代人的学习更多地体现在"实用"功能上。同一个人在不同的阶段，"用"的目的自然是不同的。在学校不自觉的学习阶段，或许是为了应付考试，讨取老师、家长的欢心，而在工作初期的学习也许是为了获得上级信任，得到公司的认同，成为争取机会的砝码。此外，学以致用也会因人的职业分工、学习心态以及学习方式的不同而各有不同。社会职业的分工导致学习内容和用途不一，学习心态不同有可能导致理解的不同，学习方式不同有可能导致效率有别。

但是，人生无处不是统一在"学"与"用"之中。学与用实际上是一个吸收与释放的矛盾统一体。在学习中找到现状与目标的差距，然后通过改善的措施缩小和消除差距，而改善的过程其实也是一个学习、调整、总结的过程。通过"学习—改善—调整—总结—学习"这样循环往复的过程，最终催生出螺旋式的进步与上升。学以致用是一个复杂的过程，需要调动已有的知识参与，调动人生经历全情投入，因此学以致用需要循序渐进。要真正做到学以致用，首先要懂得基本知识，其次是要勤于实践，再次是在前两者结合的基础上有所创新。纵观曾国藩的人生，其实就是寻找和弥补差距、学以致用的一生。

学而思

从学以致用中，我们懂得了"学"与"用"的统一。同样，学习还要与思考有机地统一起来。"学而不思则罔，思而不学则殆"，意思就是光学习不思考就会迷茫，光思考却不学习就会精神疲倦而无所得。

学习对每个人的促进作用是由低到高分层呈现的。最基础的层面是，经过学习每个人都可以具备一定的专业技能，这些技能可以用来解决个人的基本生存问题，成为一个人的生存之本。其次就是学习能够帮助人在实践活动中形成解决问题的系统性方案，通过这些可以实现个人能力的最大化，从而得到信任和认同。较高层次的作用则表现在能够让人在职业追求的过程中充满渴望，饱含激情，让内心形成一股持续向前、积极向上的精神力量，如此便能促进个人职业化水平的提升。而贯穿以上由低级向高级递进的正是学习与思考的相互作用，思考就好比是学习的黏合剂，能将各个阶段各种水平的学习加固，形成有机的整体，最后达到武装个人的效果。

对每个人而言，都要将学与思结合，学习的功夫做足了能够让人做到思危、思退和思变。学习可以让人居安思危，看透潜在的危险，就不会害怕危险，才有规避危险的能力；学习可以让人从容思退，在遇到天险之时找到"退路"——这条路不是原路返回，而是一条迂回前进的路，变通之路；学习可以让人淡定思变，通过多变的战术实现一以贯之的不变战略。

学而长

学习是一种理解，理解书中的真与善，理解现实的人与物，理解自身和内心；学习是一种修养，能多方面提高自己的综合素质；学习应该成为一种习惯，成为人生中的组成部分。细想起来，除了学习，没有哪项活动能给人提供如此高度的充实感。所以，学习的质量往往决定生活的质量。一个勤于学习、善于学习的人，能从学习中汲取智慧的养分，也只有这样的人，才可能成为一个有人格、有智慧、有功绩的人，才可能成为对过往经历负责任、对岗位负责任的人，从而也才可能成为不朽之人。

我们每一个人虽然处在不同的工作岗位，承担的责任有所不同，但责任感是共同的，而学习的这份责任感是做好工作、经营好企业的前提。不愿学习的人，不仅会妨碍我们的企业发展壮大，也将会被我们这个时代和社会所淘汰。

千万不要视工作如鸡肋，食之无味，弃之可惜；千万不要将学习当作任务敷衍，逆心为之。那样只会做得心不甘情不愿，于公于私均无裨益。当我们开始推诿工作的责任，丧失工作的新鲜感与热情，对工作产生抱怨的时候，我认为你是放松了自己的学习。你需要平心静气地反思一下"为何学习与工作"这个简单却又包含着人生意义的问题。《荀子》的"学不可以已"，就表明了学习不可以放松、不可以停止的态度。

"岁月让我们从批评走向建设"，这是某人从曾国藩一生中悟出的一句话。我觉得，与其说是"岁月"，还不如说是"学习"，是学习让我们从批评走向建设。

生命若不是现在，那是何时？学习若不是今天，那是何时？

冲突管理

冲突的本质

冲突，这个词听起来并不陌生，然而，它到底是什么？从现象层面看，它是两种或两种以上的动机、目标或倾向出现对抗的状态。从本质上深究，冲突是一个对立统一体，是事物或组织体系的一种天然属性。

世界本没有桃花源，冲突可以说无处不在。大到国家之间小到个人之间无不存在冲突，从经济、政治、文化、宗教到民族、种族的每个领域都存在冲突，从家庭到企业，从生活到工作，也都存在冲突。

冲突总是具有当下性，过去的冲突已经成为故事，或已化解或已消亡，未来的冲突尚未来临。所以冲突总是"现在"的冲突。解决冲突实际上就是解决现在的问题。"现在"是对过去的回忆及对未来的期望。人对事物的认识总是掺杂着自身意识的成分，人们所认识的"现在"，既是对记忆的生动体现，同时又受自身对未来期望的影响。人的思维与行动，都很难摆脱已有的认识和对将来的假设这两者的影响。简单来说，我们认识的事物是依据我们的判断和理解呈现出来的。而人们的知识、需求、目标以及价值观存在着差异，差异就会导致冲突产生。归根究底，认识的差异是冲突出现的根本原因，通过沟通和交流是可以形成统一认识，解决冲突的。

冲突的建设性

说到冲突，人们往往觉得它是消极的，将其与争吵、暴力、破坏等联系起来。在企业里，有人甚至将冲突看作是企业管理的失败和企业即将崩溃的征兆。其实不尽然，任何事物都有两面性，冲突也是这样。适当的、有益的冲突具有建设性，能使企业展现出旺盛的生命活力，表现出勇于自我否定与不断创新的胸怀和勇气。

对于一家企业来说，不管是内部的管理，还是与外部的业务往来，都会出现冲突的现象，如同月有阴晴圆缺一样，冲突是企业无法避免的一种生命常态。既然冲突是不可避免的，企业的管理者和员工就应该接纳冲突，承认冲突的必然性和合理性，并引导事物朝着正面积极的方向发展。在企业都注重协同发展的今天，企业管理的尺度就是让冲突中的对抗双方不要因为欲望的贪婪冲破了梦想的界线，要将欲望的野马驯化成进步的动力。一个企业管理的成败，取决于其员工及周边客户将它的管理视为权威的高低程度。这也是我在企业管理中一直坚持职业化道路、强化流程管理的原因所在。

我们如何把握冲突的建设性？从量的角度讲，冲突过多或过少，都具有破坏性。过多，容易造成组织内耗。过少，无法激发出企业的创造力和变革勇气。只有适度的冲突才具有建设性。从性质讲，恶性的冲突表现为不愿意听取对方的意见，双方的对抗往往转变为人身攻击，对人不对事，双方关心的是冲突的胜与负，在这种冲突中双方的信息交换会逐步减少直至完全停止。相反，良性冲突的对抗双方都关心企业共同目标的实现，乐于了解对方的观点，双方的争论以共同的问题为中心，在冲突中注重信息的充分交换。当然，恶性冲突与良性冲突的划分不是绝对的，两者有重合的部分，在处理得当的情况下，恶性冲突能转化为良性冲突。

由此可见，并非所有的冲突都是坏事。对企业来说，恰当地激发良性冲突、尽量避免恶性冲突，有利于增强企业的活力，这就像人的身体，适度的感冒也能提高身体的免疫能力。所以，一家企业如果缺乏容忍良性冲突的胸襟，就会导致缺乏不同的思路、不同的声音。"一团和气"的企业很可能会"在沉默中灭亡"。相反，企业如果建立了包容建设性冲突的企业文化，无疑将释放出无限的智慧和顽强的生命力。从这个角度看，"有为"要胜过"无为"。

实际上，解决冲突，就是一个化繁为简，引导对抗的一方取代另一方的存在，以达到平衡与和谐的动态过程，也是一个冲突的建设性得到体现和实现的过程。

面对冲突

既然冲突是普遍存在的，我们就应当承认它，接纳它。冲突有它的建设性，就应该让这种特性发挥出来，为我们所用。当与冲突相遇时，我们是逃之夭夭，还是决战到底？是逃避、谦让、妥协，还是竞争与合作？不同的人对待冲突的态度会不一样，这体现了个人的价值体系和对自己的认识。一般而言，我们面对冲突会出现如下几种处理方式。

第一是回避。这是面对冲突时表现出来的最初级的反应。出现这种反应，有可能是感到危险和不安，害怕利益受到损害，也可能是对事情的认识不足，觉得无关紧要，还有可能是当事者需要准备。在一家公司里，总会有员工由于一开始经验不足或者心态不够端正，工作受阻之后心生畏惧，常常表现出"这问题很难解决""我忙不过来"的回避行为。但这样的处理方式导致的结果只有一种，那就是问题永远得不到解决。因此不能一味回避，要有勇气直面冲突。我们常说的"逃避不是办法"，就是这个道理。不逃避，那该怎么办？那就更主动一些！于是就可能出现接下来的第二和第三种处理方式。

第二是谦让。主动迁就，做出这种反应，一是可能意识到错了，二是为了求得暂时的平衡与和谐，三是为了满足长期合作的需求。但是这种忍让的态度很可能会失去让自己的利益得到关注的机会。

第三是妥协。主动采取折中的方式面对冲突，或者是为了快速决策的需要，或者是因为双方都坚持不同目标。妥协的态度处理冲突可能会忽视更大的价值，而且还有可能不讨好。折中的处理会让谈判的利益争取不充分。

相比逃避而言，谦让和妥协在态度上是变得主动了，但自身的利益却得不到保障和充分实现。

第四是竞争。在竞争过程中能激发主观能动性，能让人相信自己选择的正确性，提升内心的勇气，只有勇敢的人才真正富有能力、魅力。同时，竞争还能促成强有力的执行，执行的核心就是即刻行动。解决冲突实际上是解决"现在"的问题。"过去"永远都已成为过去，"未来"永远都是未来，唯有"现在"才是现实存在的。只有懂得如何利用"今天"，才会在"今天"奠定成就事业的基石，孕育明天的希望。另外，竞争能让冲突的双方在这一过程中向对方提供丰富的信息和价值需求，让具体冲突的本质表现出来，更便于冲突的解决。但是，竞争天生具有利己性，它往往导致以牺牲一方利益为代价而满足另一方的需要，因此具有排他性和武断性的弊端。

第五是合作。合作能让双方受益，实现真正的双赢。从现实的层面看，合作还能实实在在解决问题。

综上所述，面对冲突，我们不能逃避，也不能谦让和妥协，既要不卑不亢、积极主动地利己竞争，也要有合作利他的胸怀。如此才能解决冲突，实现共赢，皆大欢喜。否则，化解冲突的渠道必将被阻塞，矛盾必将进一步激发加深，最终导致两败俱伤，不欢而散。

解决冲突

面对具体的冲突，我们在操作层面如何展开解决冲突的工作？基本的原则主要有四点：

一、承认冲突的客观存在，不要回避，并认识到各种冲突的本质。

二、树立信念。任何冲突，通过沟通都可以达成共识，进而为化解提供良好的基础。

三、抱着合作共赢的目标，战略上要坚持做到"利他第一，利己第二"。

四、积极行动，找到解决的方案，开展解决工作，实现共赢。

势与发现

从企业角度而言，"势"是发展的态势和趋势，更是一种格局，一种风气，一种文化形态。势的形成源自"发现"的力量。

发现是观察，见微知著，从微小的工作细节中察觉问题，发现不足，明确努力的方向。发现是思考，群策群力，分析问题背后的原因，寻找创新解决方案。发现是创新，从实际工作出发，寻求各方支持，以最小的代价最快解决问题。只有不断思考的人，又敢于行动的人，才能造就发现的力量。

发现的背后，是对工作的专注，对追求的坚持，对责任的担当。发现赋予人行动的力量，是信心、耐心、意志力的综合，是持续积累，量变到质变的爆发。

如果你不能经常反省自身，你不会发现成长其实处处有路径。如果你不能宽容他人、理解他人，你不会发现团队合作是一件充满意义的事情。如果你不能相信自己、坚定信念，你不会发现工作中其实充满乐趣。如果你不能挺身而出，勇敢承担，你不会发现责任感与执行力可以驱动人创造奇迹。

这就是发现的魅力，它让我们在坚持自我的同时，学会换位思考，理解尊重他人，鼓励创新、包容失败。

当有一天我们都习惯发现，当发现在我们的企业中逐渐成为常态，发现就演变成为不可抗拒的潮流，这就是"势"。

人们常说，"形势比人强"，形容的就是势的强大影响力和推进力。发现与创新的潮流一旦在企业形成，任何个人都只能顺势而为。拒绝发现和创新的人将感觉与组织格格不入，处处遭遇阻力。而敢于发现、顺势而行的人则将如鱼得水，事半功倍。最终，顺势者脱颖而出，备受瞩目，逆势者无所作为，黯然退场。

势的形成促使员工进行选择和判断：是适应还是拒绝适应，是留下还是离开。势的形成也有利于企业进行人员甄选：是重用还是弃用。它将保持住顺势而为的员工，并由他们一代一代薪火相传，将"势"沉淀成企业的文化基因，渗透到企业经营的每一个环节。

"发现"会让一个人充满活力与创意，"势"则会让一家企业焕发生机。每一个人，都有责任去用心发现，并让这种发现成为"势"。

职业的管理

现代企业，职业化的管理是大势所趋，它能帮助企业有效提高凝聚力，提升运营效率，增强企业竞争力，抵抗市场风险。职业化管理的精髓是抛弃人治，走向法治，它的内涵广泛，在这里我想从变革管理、时间管理、责任管理、执行管理等方面来探讨一番。

变革管理。企业要基业长青，就必须适时变革，保持竞争力。从哲学层面理解，变革是对事物本质的改变和颠覆，在现代企业管理中，常常是指对企业原有管理和业务形态的改变。变革通常意味着牺牲，如同创新意味着破坏，只有牺牲落后的业务、管理模式才能迎来新生。变革还伴随着组织与流程的再造，变革的本质是适应于现实需求，而传统的组织结构和流程往往不能适应竞争环境的要求，在机遇和困难面前显得缓慢和笨拙。变革也是企业进步的需要，任何组织和个人的进步，都是解放思想、能力革新的过程，只有变革才是走向进步的唯一通道。变革的核心是打造竞争力，改变商业模式，破坏落后的盈利模式，建立赢的模式。

时间管理。如果按每个工作日工作 8 小时计算，一个人每个月约工作 176 小时，每年工作 2008 小时，看似不少，但真正产生价值的不多，因此时间必须得到有效的管理和利用。时间的真正价值在于我们利用它做什么，专心于工作、学习，就创造了价值，一味用之于玩乐，就是浪费。在竞争激烈，快节奏、高强度的职场上，损失时间就等于抵押未来。做正确的事和正确地做事，两者要兼顾不可缺一，正确地做事能够保证效率，而做正确的事能确保效能，让所有的工作能够得到有效产出，产生价值。

责任管理。在现代企业中，一个人无论扮演什么角色，都有必须承担的职责，这就是责任。责任是承诺，在需要的时候挺身而出，承诺自己所能承担的责任，并使之贯彻和兑现，承诺需要勇气和智慧。责任使人进步，因为责任感使人努力，去不断提高成长和超越，责任下移促进分享、合作，加快团队的成长。责任强调以结果为导向，以量化为目标，以事实说话，对结果负责，创造出有价值、可与客户交换的"产品"。在承担责任时，要注意避免以目标取代岗位职责，目标是履行岗位职责的一部分，但不代表全部，目标取代岗位职责，造成的结果就是责任缺失。

执行管理。执行是企业各项战略、政策得以实施的保证，没有执行，再好的战略也只能流于形式。执行的关键在于：以原则为中心，终结权谋时代，告别信息孤岛，建立一个不完全依赖能人的管理体系，因为做事情不是要聪明的人，而是要认真对待事情的人；结果提前、自我退后、锁定目标、专注重复，抛弃以自我为中心，而以结果为中心，一旦锁定目标，反复尝试，绝不放弃；以制度为衡量员工行为的标准，不以主观认识而妥协，制度不相信好人，做到"制度第一、人情退后"；快速行动，有效执行，0.1永远大于0，执行必须有结果，而快速地行动，是产生结果的唯一途径。

企业生存的根本目标只有一个，那就是持续盈利。只有坚定执行，目标第一，结果至上，才能在正确的战略指导下，创造盈利而非亏损，为企业的发展注入动力。

职业的管理包含了变革管理、时间管理、责任意识和执行，但这些因素最后都要落实到具体执行的人身上，只有人才是管理的载体。

机会总是垂青于有准备的人，在上述管理行为中，积极、主动、充分发挥主观能动性，厚积薄发的人，才能脱颖而出，展露峥嵘。要学会分享与合作，分享成长，也分享成果，共同的提升、团队的强大才是真正的强大。让能力与财富合作，利缘取义，用卓越的能力，堂堂正正获取财富，创造富足且受人尊敬的生活。保持正确的价值信仰，在前往理想的道路上，保持航向永不偏航。

打造学习型组织

现代企业的竞争归根到底是人才的竞争，而有着共同的价值观念和愿景目标的企业则具有长久、更有力的凝聚力。在这种合力的作用下，人往往能够创造出奇迹。在我的管理实践中，我一直追求和努力营造一种公平合理的内部环境、融洽和谐的人际关系和团结协作的工作氛围，公司也十分注重企业文化的建设，并举办各种活动来加强内部沟通，增加相互间的了解。

在信息技术为主导的新经济时代里，随着中国经济与世界经济的日益接轨，知识和信息将成为决定企业竞争力的首要因素，能够迅速得到并运用新知识，并将一群高素质的员工凝聚成一个有战斗力的团队，是一家成功企业必备的条件。成为一个优秀的学习型组织应该是企业不断追求的目标，通过阅读、视频、推荐、论坛、分享等方式，使企业成为一个由若干个充满合作精神、有共同愿景目标的学习者组成的强大战斗团队。在企业文化的指引下，自由开放的交流、亲密无间的合作、持续不断的学习、团结协作的团队精神和系统思考是企业打造成学习型组织的重要建设内容。

每一家企业都应该崇尚团队英雄主义，团队合作精神是企业不断取得进步的动力。有志于长期健康发展的企业，要以培养一批能干、高素质的职业经理人为目标。企业不需要天马行空的"独行侠"，而需要乐于合作、善于沟通、协调一致的团队，不提倡"能人主义"。没有合作精神，不能接受共同价值观念的人，即使再能干，也将不可持续。

一直以来，我都主张在企业中努力营造一种自由开放、分享信息、人人平等的交流沟通氛围，除正式制度化的交流途径外，企业应该鼓励各种自发、非正式的交流，形成各种水平的、倾斜的或垂直的交流沟通渠道。娓娓道来的谈心、正规程序的汇报、头脑风暴的讨论，都将减少员工之间、部门之间的误解和隔阂，分享成功经验和失败的教训，形成突破性的思考，从而形成一种积极而和谐的人际关系，增强企业的凝聚力和创新能力。

独木不能成林，团队的成功能使个人的价值进一步得到提升；人各有所长、所短，只有相互取长补短才能实现共同的发展。各业务部门、管理部门、各下属企业之间，通过消除部门间的交流障碍，增进彼此的信任和尊重，保持良好的合作关系，使信息、知识、经验、市场、银行合作等各种资源能够得到充分的分享，实现各种资源和优势的良好整合，增强企业的竞争力。比竞争者具有更强的学习能力是取得竞争优势的有效途径之一，企业要注重员工的终身学习，以适应迅速变化的社会和市场的需要。企业更要鼓励员工参加各种形式的学历、职称、专业技能及其他相关知识的学习，对学有所成者给予适当的奖励，以团队为基本的学习单位积极开展公司培训，使个人和团队在学习中同时得到进步和提高。通过持续不断地学习，企业成员的知识时刻处于时代和行业的前列，对环境的变化保持高度的敏感和快速的反应能力，培养良好的团队合作精神，使团队有能力应付大大小小的一切挑战。

在企业里，每个人和部门只是一个更大的整体中的一部分。在这个崇尚团队奋斗的时代里，个人意志服从团队意志，局部利益服从整体利益，短期利益服从长期利益。公司内某一环节的行动必然直接或间接地影响着其他环节，在处理能力与业绩的关系上，我们始终坚持一个或一个部门会作出超比例的贡献或者从进步中获得较少的利益，但是这样短期的不平衡会在长期过程中得到平衡。每个人应增强系统思考的能力，学习全局、宏观的思维方式。当事情出错时，不要习惯归罪于外部客观因素，不和谐的声音往往就在组织内部，因此应努力完善企业内部管理和制度规范，努力实现公司在发展的同时在各方面保持适度的协调平衡。

每家企业的发展道路上都会遇到许多的危险和曲折。每个人都真心地从人生的、理念的、质量的和未来组织塑造的角度看待学习，通过不断激发，让企业和个人都具有更旺盛的生命力，这才是企业建立学习型组织的目标。进而通过这一目标使员工具有使命感，带来长久的自我完善、自我提升、自我反思、自我适应的驱动力。

职业能力

在企业里，我们时常会发现，有的员工得过且过，小富即安，享受现状。然而，作为职业人，我们要时刻提醒自己，随时充实自己、丰富自己、精进自己，尤其是在自己能力提升上更应如此。

能力，是我们探索、认知和改造世界的水平标尺。能力不是来自我们情绪失控时的高声厉喝，也不是来自我们位高权重下的颐指气使，更不是来自我们外强中干表象下的佯作强大。真正的能力是你对社会的建设性，它需要劳动实践的检验，需要执行结果的交付，也需要切实解决问题的成果积累。

忠诚，是能力的基础。忠诚，是经得起诱惑，是一贯到底的坚持。能力建立在忠诚之上，没有忠诚，能力越大带来的破坏性也就越大。任用不忠不诚之人，小则遭遇背信弃义的无奈，大则付出倾城覆国的代价。

价值，是能力创造的结果。从企业经营角度看，创造盈利和改善利益相关者的生活品质就是价值，这是能力与财富合作的结果。

成功，是能力的适度定位。成功之人即是有用之人。成功有大有小，人人都可以成功，只是人的能力与岗位有关，与适合有关，与内心定位有关。

尊重，是能力的高级副产物。能力代表价值、素质及修养，人的能力在做事的过程中促进社会和谐，表现出创造性和建设性，为我们赢得尊重。受人尊重的人，就是有价值的人、成功的人。

俗话说，活到老，学到老。我们每个人的能力提升正是这样一个无止境的求索过程。在生活中，赶路的人常常没有时间看风景，因而缺了一份从容与惬意，看风景的人常常无需赶路，因而少了一份紧迫与热切。能力也是如此，想提升的人缺了一份从容与惬意，不想提升的人少了一份紧迫与热切。

对我们，尤其是职业人而言，主要需要提升哪些方面的能力呢？

直达事物本质的认知能力。表象和本质，构成了世界的全部。越是纠缠于表象层面，人就越是纠结，而对本质认识越清晰，内心就越是豁达开朗，人也表现得越有思维深度。禅宗关于看山看水的未禅、入门、悟道三境界，就反映了人对事物的认识由表象深入本质的过程。拿人生来讲，我们对一些基本命题的认识越清晰，人生就会越坦然、越淡定。比如在爱情的安全感和幸福感之间，我们要适度营造，又比如在切身利益的"多"与"少"之间，我们要适度经营。在商言商，我们企业经营是追求利益最大化，商业谈判的本质也是解决"多"与"少"的问题，多少的问题得不到解决，谈判必不能圆满。认清谈判的适度原则，必将更有利于促进商业合作。

保持站在别人角度解决问题的能力。面对一切问题，不在于争，而在于不争的解决方案，但人们往往依赖本能行事，为私欲谋，为私利营，苦争而不得。利益博弈之下，争取自己利益最大化的前提，是先促成利益双方达成共识、实现成交，这要求我们尽量遵循先利他再利己的原则。中国古训"和气生财"即包含这层意思。而在准备具体问题的解决方案时，一定要有 A、B 方案的思维，为决策者提供更多选择和意见参考。换位思考，将心比心，是随时随地需要我们提醒自己践行的能力，这反映出我们思考及解决问题的综合能力。

充满好奇心和创新的能力。能力提升的源头活水从哪里来？从学习来。好奇和兴趣是学习的最大动力。时常保持好奇的能力，在学习中优先排序能力，平衡好专业能力与修为能力。面对日新月异的社会环境，职业人对自身岗位要时刻保持好奇心和精益求精的追求，这也是适者生存之道。除此之外，也要培养自己冲出樊篱、敢破敢立的建设精神，提升自身的创新能力。

时刻保持底线的自律能力。自律是一切成功的开始，无论是在追求利益最大化可用金钱衡量的商业领域，还是不能量化的道德范畴，都需要自律保驾护航。自律与人的坚持、责任感等品质相生相长，也与职业人的敬业、契约精神等共融共合，一个人的岗位价值也需要自律去维护和打造。培养良好的自律能力，要求我们处理好与欲望的关系，尽力做好自己，拒绝诱惑，向善而生。

先做榜样再做管理的能力。榜样的力量，在于正心正行的价值观，在于催人上进的正能量。物质付出的分享，时间付出的慷慨，以及爱心付出的舍得，能让我们广交善缘，影响人、凝聚人，能促成我们每个人的圈层群分，达到贵人多助。勇于担当，肩负责任，它需要心对心的承诺，也需要脚踏实地的行动，需要我们顾全大局、攻坚克难、善始善终。弘扬正派的三观，发扬担当的精神，以打开自己的方式展现独特的魅力与能力，赢得他人的欣赏。

围绕价值创造的高效行动能力。空谈误国，实干兴邦。从职业人安身立命的本职上讲，我们要避免空论，不可成为只有想法没有办法的人，要争做行动的主人，千里之行始于足下，只有行动才有效率和结果。不仅如此，一切的行动都要以创造价值为中心，围绕可量化、有价值、可交换的结果而执行。在效率基础上，更要向效能主义者迈进，跳脱穷忙瞎忙，提高单位时间内的价值产出，实现企业与个人的共赢。

做一个阳光的持续奋斗者。生命的意义在于创造，创造是为了让生活更美好。创造的本质具有破旧立新的属性。生命是一段持续的旅程，保持阳光积极的奋斗心态，将自己的理想付诸实际，莫在想象中淘汰了自己的追求。心态决定命运，而命运垂青于有准备的人。只享受不奋斗，只会投机不肯务实，是不可能长久持续的。远的理想，只有加上长期的奋斗实践，才能功德圆满。

相信自己与相信他人的能力。信是一种力，蕴藏着巨大的能量。信也是一种信仰，体现为观念的巨大力量。信己，信他，信世界，是一种独特的能力。迈过心灵障碍的坎，澄明自信的本心，发现"我"是一切的根源，进入万物为我所用的包容之境。端正他信的态度，相信他人的人心本善，相信他人的愿望美好，相信他人的合作姿态。相信世界的善意和正道，走进阳光，与世界和好，成就共赢。

能力，是我们创造经济价值的能耐，也是我们展现人格价值的资本。企业正需要能力全面、有料、精干的职业人来支撑。

经营好每一天

在你平时的工作中，是否会经常出现这样的情况：办公桌总是杂乱无章，经常为了找一件东西而把抽屉翻得狼藉不堪；做一件事情时断时续，一件很简单的事情要一天甚至几天才能做完；接到一项工作任务，不假思索就马上匆忙行动，做到半途又要修改计划，甚至直到完成后才发现犯了方向性的错误；在手头上有很多事情时，不分轻重缓急，胡子眉毛一把抓，捡到篮子里就是菜；老是想着过去犯过的错误和失去的机会，或抱怨命运不公，或空想未来，而使自己难以进入工作状态；事无巨细，事必躬亲，老觉得别人做不好，凡事只有亲力亲为才放心；成天忙于迎来送往，交际应酬，或乐在其中，或不堪其扰。

以上种种可能会或多或少地在自己身上发现，这都是缺乏时间管理观念和技巧的表现。这些年里，经常听到一些朋友抱怨现在生活节奏越来越快，工作压力越来越大，三天两头加班，没有时间锻炼身体，没有时间娱乐休闲，没有时间与家人朋友相处，身体处于一种透支状态。每天从早忙到晚，晚上回顾的时候，却发现都是一些琐碎的小事，重要的事情却没有干。这主要是因为缺乏管理时间的技能，不能很好地运筹时间。

时间是世界上最丰富也是最公平的资源，每个人都拥有 24 小时的一天，而时间又是世界上最稀缺的资源，每个人一天也只有 24 小时，任何人都没有足够的时间，但每个人又拥有自己全部的时间，这就是著名的"时间悖论"。有的人 24 小时可以做别人一个星期都做不完的事情，有的人整天忙忙碌碌，却一事无成，这就要求我们能掌握科学的时间管理方法。有效的时间管理，是一切管理工作的基础，一个不懂时间管理的人，不可能是个优秀的管理者，一个连自己的时间都管不了的人，可能会什么都管不好。如何管理好自己的时间，经营好自己的每一天，有很多现成的理论和方法，这里我想结合自己的经验和体会谈谈我的感受。

做正确的事比正确地做事更为重要。在管理学上有二八定律，即少数关键性的努力（约 20%）通常能够产生绝大部分的结果（约 80%），聪明的时间管理者往往会把他们的努力集中在那些关键性的少数活动上。假如我们执行的是错误的任务，以及毫无目的的任务，无论效率怎样都只会导致无效或低效的结果，这就要求我们能够提高自己的认知、识别和判断能力，在繁杂的日常事务中找出工作重点，妥善处理好一般性事务，集中精力、坚持不懈地做好那些关键性的重点工作，经过一段时间的努力，我们的工作绩效将会大大提高。

　　磨刀不误砍柴工。有些员工对工作中的"月计划、周总结、日安排"的严格计划管理不理解。许多人常以"没时间"作为不做计划的借口，但是越不做计划的人越没有时间，时间只属于那些合理安排工作的人，做任何事情如果没有认真地做计划，那么实际上你就是在计划着失败。有时候计划赶不上变化，似乎做计划浪费了很多时间，但这并不是计划本身的错，因为任何计划都不可能是完美无缺的，何况还有可能是因为你没有熟练地掌握做计划的技巧。如果你能够每天在起床后花 3~5 分钟思考新一天的安排，晚上睡觉前再花点时间回顾一下一天中发生的事，并使之成为习惯坚持下去，相信这会成为你成功人生的一笔宝贵财富。"磨刀不误砍柴工"，只要你真正地养成了计划习惯，提高了计划技能，是完全可以达到事半功倍的效果的。

　　巧妙合理地安排时间。任何工作都可以用紧急性和重要性两个维度来判断，很多人经常处于两者的矛盾之中。其中缘由在于，紧急的任务需要立即执行，这使得我们没有时间去考虑并执行重要任务。如此一来，我们就总是被紧急任务所左右，终日忙忙碌碌。久而久之，人往往被工作所支配，而不是主动支配工作，最终也会因为缺乏处理重要工作所需的时间而导致严重的后果。

　　因此，在日常工作中，应根据工作的轻重缓急，有重点地把主要的精力和时间集中放在处理重要但不紧急的工作上，这样可以做到未雨绸缪，防患于未然。

　　我们将工作的紧急性作为横轴，重要性作为纵轴，就可以将工作区分为四个象限：重要且紧急、重要但不紧急、不重要且不紧急和不重要但紧急。在实际工作中，我们要养成合理分配时间的习惯，优先处理重要但不紧急的事情，不忽视、不拖延，让我们的工作做得从容不迫，而且还能保证高质量。这就是著名的时间管理第二象限原理。尽量减少紧急但不重要的事情的发生，或通过授权的方式去处理；至于那些既不重要也不紧急的事情，则可委托下属或留待闲暇之时再来处理亦可。

日事日毕，克服拖拉的坏习惯。明日复明日，明日何其多，有的人总在安慰自己时间还有很多，殊不知明天还将有明天的工作。有的人做事喜欢瞻前顾后，前怕狼后怕虎，找借口推迟行动，日积月累你就会觉得自己总有做不完的事，工作的压力使自己身心俱疲。实际上，许多事情都是因为办事拖拉而失去解决它的最好机会，与其等会儿做，不如现在立即做，当天能完成的事情当天做完；能够一气呵成的事情不要分成几次完成，因为全神贯注的一个小时工作成效可能会大于断断续续的三个小时，停顿下来后重新启动往往需要花大量的时间调整大脑活动和注意力；对于耗时较长的工作，无论紧急与否都要设定一个完成时限。很多人都有这样的经验，要做的工作总是在最后半个小时或者是在最后一个晚上熬到半夜才做完，因此自我设限、自我加压往往是提高效率的好办法。

善于授权。提高效率的最大潜力，莫过于拥有其他人的协助，但很多人在这一点上容易糊涂，对别人总不放心，似乎离开了自己地球就不能转了，将自己的大量时间消耗在那些谁都能够做的日常事务当中，而没有时间多做那些更为重要的工作。从这一角度来说，授权是一个节省时间，提高工作效率的好办法，我们可以将一些相对来说不太重要却消耗时间的工作授权他人代行，自己只需进行适当的指导追踪即可。下级会因此感受到领导的信任，得到了锻炼和提高能力的机会，授权者也因此摆脱了许多不必要的琐事，能集中时间和精力去处理更为复杂的事情，这样每个人都是赢家。

时间管理没有什么高深的理论，关键在于要形成惜时如金的意识和合理安排时间的习惯，每个人尽量做到将时间管理作为幸福人生的一项必要修炼。珍惜时间，经营好你的每一天，这样你不仅可以在工作上如鱼得水、游刃有余，还将有更多的时间去和家人享受天伦之乐，有更多的时间去欣赏大自然的春华秋实，有更多的时间去体会现代社会发展给你带来的快乐。

第 四 篇

职业之思

建设幸福

幸福，人人都在探讨，人人都在追寻，易得又易失。经过这些年的体悟，我对它的理解更清晰了。

幸福其实就在身边。回家是一种幸福，和父母在一起聊陈年往事是一种幸福，一家大小团聚是一种幸福，同学、朋友、同事之间说的体己话，也是一种幸福。其实幸福就是一种感觉，一种内心的满足，也是一种控制欲望暴露的知足。

不管怎么样，伴随着人的成长，我们都得很认真地去建设幸福。

幸福是挑战自我

时代在撕扯、纠结和挣扎中前行，而人的欲望又永无止境。这种贯穿于每个人生命的矛盾，注定了我们要忍受各种挤压和煎熬，这让骄傲而又充满盼望的人迷惘又坚持，从而在不同时期呈现出三种不同的状态：一边随波逐流，一边端正自视，不断自省；一边用成功检视自身的价值，一边又感触于生命的脆弱，产生空虚；一边让别人尊重，不断用成就来刷屏，一边又想成为别人的理想和学习的对象。

所以在人生的道路上，我们总是在奔跑与回头，总想弥补些什么，总以为下一站是终点，但幸福不会在犹豫与徘徊中酝酿，也不会在患得患失中孕育。幸福是要挑战自我，战胜不同时期的自己，平衡现实与心理预期之间的落差，始终坚持贯彻自己的信念、决心和目标。

幸福是改变别人

幸福还需要改变别人，要给予人温暖，所以要坚持善行。历史上科技的"始作俑者"，他们是幸福的，比如电的发现者法拉第、飞机的发明者莱特兄弟、苹果之父乔布斯等，他们改变了世人的生活，给予了无数人帮助和希望。

世界上大部分都是平凡人，没有改变世界的力量，我们给予人温暖就是幸福。比如我们给朋友圈点赞，这可能就是幸福的，因为我们在输出关怀和支持，当然前提是不能埋头于刷手机的沉默里。在过去一段时间，我参与一个"烛光行动"，资助失学儿童，虽然彼此没有见过面，但我改变了资助对象的生活，所以我内心充满幸福感。由此可见，改变别人的过程，其实也是建设幸福的过程。

幸福是成就梦想

每个人都有梦想。然而，驱动梦想实现的力量必须为正能量。在理性和随性之间切换不需要过渡和预热的浪潮下，我们更需要激情和正能量，因为激情和正能量能创造幸福，哪怕是自我陶醉。

成就梦想就像拥抱变化一样，形式多样，创造财富并不是衡量它的唯一标准。不要一味地去攀比一些身外之物，这只会让你误入歧途，离正确的方向越来越远，要更多地关注内心深处的渴望，遵从内心的指引，追求家庭的圆满，扩充生命的价值，绽放事业辉煌的荣耀，等等。

成就梦想的过程可能会碰到竞争和职业，它们是助推梦想进度的行为，需要每个人充分接纳和坚持，认真面对，成功才更有希望。把生命浪费在美好的事物上来成就梦想，我们就是幸福的。

其实，职业的发展过程，就是一个建设幸福的过程。我们在前行，在改变，在成就，也在困惑，但我们依旧坚持，不断挑战自我，追求梦想。我们坚信，所有的付出都是值得的，它不一定会事事给我们回报、时时给我们回报，因为这不是交易，但它一定会带给我们幸福，因为我们的每一个付出都是在建设幸福。

简单与勤奋

多年前，旗下的企业在澳大利亚挂牌上市，临近仪式的那几天，心情激动且难眠，恰巧行李中有一本《唐骏正传》，花了两晚阅读，颇有感触，于是提笔写下了当时的感受。

智慧地经营人生，关键是重点思考得失之间的平衡。我们平时不是在误会中理解，就是在理解中误会，人生就是这么戏剧性，偶然的事情用必然的方法处之，势必造成不断的困惑，必然的事情用偶然的方法处之，就会不断带来愉悦，所以我们在经营人生的时候真的要学会内心的平衡。

每个生命都需要有个良好的出口，但输出的形式丰富多彩，这就决定幸福的来源本质上就是存在的意义。相信是一种力，尽可能地传播爱与善的秩序。和谐就是平衡，平衡是一方替代另一方的存在。幸福确实难有定论，这就像农民与富豪之间，似乎差别明显，但你说谁更幸福呢？

至于奉献权力与沟通问题，沟通当然是一切的基础，而权力在民企中不存在无意义的思维，值得欣赏及延续实现的可能。披着羊皮的狼和披着狼皮的羊，是要靠职业经理人的事业追求来切换，能否发挥得淋漓尽致，或许是能否成功的关键因素所在。

职业经理人与职业事业人息息相关，所谓付出，其实应该与报酬无关，但一定与价值判断有关，处理财富与能力的合作，确实要尝试不同的方式与接受不同的挑战。真正的职业经理人是时刻关注利润池、盈利通道和盈利模式的，当然也离不开非物质欲望的定期满足，也许这就是一切故事本质的开始。

倾听是无为而治的理想场所，而包容是人生的一道坎，很难面对磋商。人性化、职业化本身是两条平行线，如何让其弯曲并尽可能实现交叉，值得研究。而最终结果的取决，就像正确与不正确一样因环境、时宜而定。

资本产业的竞合游戏，是商业智慧的最高境界，也是把公司当作产品来经营的最高手段。可当事人若把非职业当作职业来做，则是一切错误的开始。正所谓失败的企业是靠人做出来的，就是这个道理。

知识的自由使用，是迎接新世界到来的征兆，也是网络的源泉，能否合理使用以及使用的合理程度，取决于你扮演的角色是否有用。

生命缘于佛代表的含义，生于对空间与空隙的理解，终于上帝指引的延伸。简单的本质是一种美，世界力求简单，但我们可能要用一生来寻找。

　　尽管力不逮言，写得也有些凌乱，但"简单＋勤奋"的基本价值观，我认为是精髓，对每个人来说也可享受终生。

信任通道

2011年忙碌了一年，春节回到浙江老家，又冷又安静，但在那两周突然想通了一个问题，一个我一直在思考的问题：人如何去建立信任并赢得信任？

在现今这个利益碎片化、个人原子化、社会干燥化的大环境里，建立信任通道为何这般难。我暂不谈信任通道的建立需要坦诚相见、真诚沟通、互相理解、互相包容、知彼知己及承诺兑现，等等。我想从另外两个角度谈谈信任通道的含义：一个是认同，另一个是默契。

能力与财富的合作。有人说，能力能够创造财富；有人说，财富是能力的象征；还有人说，拥有财富就可以请到有能力的人为我所用，从而创造出更多财富，体现出自我的能力。这些观点是有一定道理的，但并不尽然。光有能力，并不一定就能创造出财富来，创造财富还需要有其他诸多条件；而财富也并非是能力的象征，如时下有部分富二代；还有，拥有财富也不一定能够请来有能力的人，因为要请到有能力的人，除了需要财富之外，还需要品德。没有能力、没有品德的人，即使手上拥有巨额财富，又怎么能找到有能力的人来为他做事呢？

我欣赏并坚持能力与财富的合作。能力是人们完成某种活动所必需的，也是必定会在活动过程中表现出来的，并且能力会直接影响活动的效率、效果，所以能力又可以说是结果的反映。

对于企业而言，就是给其盈利提升的变化、管理突破的变化；对于个人而言，就是自身改变，诸如知识结构的提升、执行能力的加强、公共关系的提升及社会资源的提升。职场上有些人，自认为能力很强，没有得到公司足够的重视，没有很好的发挥平台，也没有获得相当的回报，以至于满腔烦恼、郁闷压抑。须知能力与财富的合作是有条件的，那就是必须充分展示你的能力和价值。财富人人都渴求，但你必须为组织和团队带来改变，你的能力和价值应该有所体现。如果没有，请安静，请实实在在做人，认认真真做事，正所谓"财自道生，利缘义取"。

责任与机会的建立。有人说，机会是公司的，不是个人的。其实，公司的机会就是个人的机会。只要你用心，坚持底线，守住道德，改变自我，勇于承担，修己达人，机会就是你的。积极主动展示能力，承担责任，方能赢得上司的信任，获得机会。责任和机会是成正比的，没有责任就没有机会，责任越大机会越多。谁承担了最大的责任，谁就拥有最多的机会。责任是一种荣誉，而不是一种负担。担责不是惩罚，而是对职业人的奖赏和肯定，承担责任是一个人有价值的体现。

作为企业的一员，我们对所服务的企业负有责任。只有承担责任，我们才有存在的价值，我们才能成为一个企业所需要的人。只有企业需要我，我才有机会。

确实，每一家企业在发展过程中，都会遇到各种问题，也许是搭建了较完善的管理体系但执行有待提升，也许是有良好的业务根基但推进力度不够，也许是有大项目突破在即但资源不足，等等。有的人看到问题，就困惑了，就迷茫了。但不管怎么样，只要身在企业中的我们，每一位都给力，只要我们坚信能力与财富的合作是认同的，责任与机会的建立是默契的，自然而然就会产生信任通道。只要我们人人互相信任，就会有梦想的信念，就会放下无助，我们对事业的进取就会事在人为。

因此，调整好心态，每个人积极认真地做好每一件事。锐气藏于胸，和气浮于面，才气见于事，义气施于人，修炼包容，持中致和，从而建立信任通道。"无善无恶心之体，有善有恶意之动，知善知恶是良知，为善去恶是格物"，用心为之，则信任随事随人而来。

人生寄语

　　每个人小时候都是非常喜欢自己中意的东西，会爱不释手，当发生意外，会产生一些不愉快的感受，总是不忍心去破坏它，这样迫使自己更加喜欢它，钟爱它。

　　长大了，忽然发现，这种思维其实一直在延续。所以有的人预测，这将是一种永恒，并且我们所有的人都有这种享受的权利。

　　人总是希望得到一种关怀，得到一种欣赏，得到一种鼓励与支持，感受着那份喜悦和爱，拥有一种更能体现成功闪耀的精神。实现梦想的同时感受到骄傲，实现理想的同时感受到力量和温暖，确实需要做一些正确的事或真实的事。

　　魅力往往体现在行动上，不管是何种方式的谈资，不管是何种方式的传递，都恰恰体现在行动的那一瞬间。思维的折叠改变了某种状态，使现实变成现实，使历史变成历史。

　　我们可以把权力和职责委托给别人，只要他们是不错的选择，让他们可以按他们自己的方式来做他们想做的事。所有这些都是我们每个人所期望的，而事实上，根据马斯洛的定义，人类的五大需求是每个人的期望，当然也包括期望自己能亲身经历。

人总是不停地更换自己的思维模式，所谓进步和成熟也由此而生。人生的演变正如万物的生长，可以丰富多彩，可以一成不变，但在此过程中必须接纳所有的成功和失败，也许自己在繁琐的思绪中将萌生一种自由、轻松、平衡的念头。

人常常需要爱和被爱，既是生命的调节，又是思维的润滑，那种心灵感应可以与青山、绿水以及蓝天相媲美，灵感、快乐往往由此而生。季节疯长是一种说法，但思绪漫过宇宙自然并不夸张。

处理好心想、心动、心跳对谁来说都非易事，但快乐的成分可以从行为方式上衍生出自然、和谐、没有包袱的选择，可以从目光的传递中凝聚成信息的对称。当然，我们都允许相对沉默的感受和绝对真诚的对待。

制造信任需要在激情中迸发偶然，谁都不愿意看到那是在滋养虚伪。在灯光走向灯光中调节心情，在心情走向心情中平衡伦理，矛盾经常是这样演绎的。

当害怕和需求交替的时候，人是最真实的。当责任替代了所有的行为，人立刻变得清醒而终止了行为。

每个人都在追求幸福，同样也在追求很好理由的痛苦。所以富与穷、幸福与痛苦至今没有定义。

人的交往是互动的，在互动中有了喜悦的感受，可以催人奋进，催人的心智更加成熟，除非是利益的碰撞，那是不真实的情感。

语言是可怕的，因为它有漏洞，但人们又总是那么喜欢它，因为有了它，社会才有了进步和发展，因为有了它的引导方式，人们才有理想的结果，因为有了它的弹性，人们才有了完美的解释和良好的默契。当然这里的语言自然也不排弃口头的语言和肢体的语言。

每个人任何时候都在寻找思考的空间，正因为有了这样的空间，人使自己变得更加复杂。人在复杂中牵挂着一种心情，人在寄托中追求着一种信仰，或许这就是一种爱的最高境界，因为它根本没有理由。

思考追寻

一种社会取决于一种环境，环境造就了人，同时也造就了社会。不同的环境应该产生不同的社会，但事实却与愿违驰。

幽默的人一生孤独，但孤独的人一生可能并不很幽默。这可能就是生命的人或人的生命迥异的两个世界观和两种概念。人要有一定的精神支柱，才能充分发挥自己的能动性与积极性，才能充分发挥自己强有力的潜意识。只有这样，人才能上进博取，同样社会也就会进步。

只有尊重别人才能受到别人的尊重，人必须在任何时刻首先净化自己的心灵空间，美化自己周围的环境，才能有机会去接受或被接受。否则，就会令人生畏或敬而远之。

人在没有选择余地的时刻只有选择现状，并不是所有的现状都没有机会去创造价值，然而这一定要靠自己的努力。拼搏需要相当的代价，特别是一些根本没有历史背景或政治背景的人，更需要付出一定的精神力量和自尊同自卑抗衡的耐力。

语言本是人的一种天赋，但通过加倍的努力，任何人都能达到一定的水准，但至于运用可能每个人的方法有一定的差别，而且这种差别是与生俱来的，谁都无法去否定一种事实，正如男人和女人存在分别一样。

思绪的繁衍来源于一种不变的心态，万物的滋长都经历一段艰难的挣扎和一些对不明错误的理解。

圣人之所以为圣人，是因为在做出结果之前的抗衡相当激烈。任何迟钝的行为在一种特殊的氛围里都是高明之极，但也有很多人理解为成功之因。要在逆境中崛起，必须在逆境中超越视野，扩充一种社会力量及关系的尽量延伸。否则，很难达到一定的目的。

好多事都出于一种人文行为，甚至决定或判断社会进步的进程，作为社会的一分子，人人都有责任和义务做自己的事或社会的事，在这个社会，不同的结果并不能说明对社会的推动力的强弱，相反，人都在一种平等的机会中摇摇欲争。

上帝没有赋予我们一种天生的环境和独特的禀赋，聪明之人与反应敏捷之人，只不过其人思维在作怪，他们永远都走在同时代同龄人的思维之前，其实，这是一种对自己的要求，也是一种注定一个人命运与压力的写照。没有人愿意这样做，因为充实自身，人又必须这样做。

谁都无法思索人生，在某种条件或环境下，思维组合的复杂性已严重伤害一种性格，随之将无济于空间的某种平衡产生构境。

小的时候喜欢遐想，但那绝对是一种娱乐，而且不负责任。长大后，当承受某种社会压力，人都无法逃避这种感觉来自于自己的本身，所谓的责任就应该是责任，它举目于人言之上，所产生的隐痛都发自内心。

人类那种美好的凤愿或愿望都建立于相当不平凡的痛苦之上，而且确实就这样无止境地追寻，追寻一份空间与目标，只有这样，人类才不断地创新，不断地进步，与此同时，也不断地产生出任何一个人都无法想象的奇迹。

世界不能不说很奇妙，人的幻想也不能不说很精华，经历或经验越丰富的人反而显得很平淡，但那种平淡随时都体现或蕴涵着一种突变，有时庸俗，有时又敏锐得超越想象，人格化的资本或资本化的资本市场正体现着这种特性。

人只有一种冲动才可能称之为真正的冲动，那就是所谓理性的冲动，因为这种激情可以冲淡很多往事的回忆并构起对新世界的美好憧憬，而所留下的可能只是一株淡淡的忽忘草，曾经祈盼过也曾经醉过。

人确实跟着历史不断地在重复，重复所有的来龙去脉，但最终都回归于自然，一切趋向坦然。但谁也都无法否认那种坦然之中包含着多少岁月的辛酸苦辣，事实上很少有人斤斤计较，否则历史必然天天奇迹。

虽然人类有共同的命运，然而在恐惧与颤抖的时候，我们只有靠自己来拯救自己。我们当然可以互相帮助，探索生命的真谛，但末了，还是各自奋斗，各自寻找自我。只有勤于思考的创造者和善于追寻的成功者才能实现人生的那种希望，而所谓的伪君子或庇护者却在悬崖的峭壁上荡秋千。

思维决定智慧，智慧决定出路。每个人都必须在迷茫的年代里作出清醒的选择，就像思考追寻一样。每个人都知道思考在一定程度上都是痛苦的，但每个人却又不断地向前思索，哪怕是一种乏力，却始终在吻合不同的人群中流动，当然有时也在粉末的边缘带动着无奈在思维的惯性中自动飘逸，而现实往往因为有了这种排斥而充满阳光，而充满了那深不可测的超然，在超然中丰满了自己。

所谓事业

　　我应当大有作为，因为有你的影子投在我的影子上，我可以在挂满冰雾的树枝上，可以在鸟语翠鸣的花卉里，挥霍我的灵感，以至清晨来了，黄昏也来了。

　　什么累赘、孤寥、无助、恩怨全都忘了。就是因为有你，我可以独自感受透明纯净的深意，苍白清晨的微笑，可以感受你的温暖与我血液鼓动的印痕。

　　就这样，一缕游丝，一处青山，半残的红叶，干枯萎缩的颤动，我都在乎，还有突兀的大厦和大厦里流动的人群。

　　我总是在最最繁忙的时刻，静下来，带着执着进入角色，倾泻着绿郁的阳光，诗意疯长，作一曲欢乐横溢的乐章，以敬共有的回忆，共有的在冬天习习凉风中抖擞的精神。

　　正如旭日的田野，容许平凡，容许吝惜，于夕光的摇曳中，我的单纯和理解，成熟和能耐，一一角逐认识。不可思量的是往昔被拒绝的恩典总摆不平虔诚的崇拜者，于玄思的日子中踟蹰，何时可以唤醒破庙里的神明，装潢永恒的梦想，也只有在你我的琴弦上跳跃地祈盼发展。

我可以在你的世界里，默默耕耘，因为我懂得追求是一种享受，不管在长满藤蔓的篱笆边，还是在旷野的桥梁边，这就是人生的事业。

我不向你要求什么，因为风雨在蚀化各自的秘密。能否于同一轨道倾撞，一切贵在坚持。

看到小孩子在海滨聚集，天空是静的，只有沙在流动，那是一种景色。

我不知道从什么久远的时候开始，你一直在走近我，什么苦痛、悲凉，那都是非常短暂，每个瞬息，每种颜色，每帖轻柔的疲倦，都将散成沙，散成光，散成风，飘向天空！

飘向天空。

谁来心疼企业

作为一名自然人，我们的成长过程离总不开周围人的心疼，而作为法人的企业，在它成长发展的路上，又有谁来心疼？

是政府，是社会，抑或是我们的客户？

诚然，企业的发展需要政府的政策支持。但企业要投桃报李缴纳税费，为政府增加财政收入，否则就将失去诚信。同理，企业在享受社会资源的同时，也必须为社会创造价值，承担相应社会责任。至于客户，则只是企业基于利益形成的合作伙伴，一旦合作基础不在，合作关系必将消失。

如果政府、社会和客户都不是我们依赖的对象，企业究竟应该依赖谁，谁在心疼企业？

联想集团创始人柳传志曾经说过，企业想让人心疼，就一定得让它有主人。

我们常常能在一些企业看到这样的现象，老板为了企业的发展每天殚精竭虑、顾此失彼，员工则总打着自己的小算盘，想着哪些工作能推诿出去，哪些难题能甩给别人。久而久之，企业既定的方针策略难以执行，预定的经济目标无法实现。

究其原因，在于企业还没有心疼它的主人，没有主人的企业，是不会有人心疼的。每一位为企业发展辛勤工作的员工都应该是企业的主人，他们才是真正心疼企业的人。

那么，要如何让员工成为企业的主人呢？在追求愿景和股东回报的同时，企业应充分尊重员工，为员工提供足够施展才能的平台与空间。与员工共享发展成果，使员工在企业发展过程中得到成长，获得实惠，提升幸福感。

作为企业的主人，我们的个人利益与企业休戚相关。心疼企业，既是对自己负责，也是心疼我们的每一份付出与坚持。

在每一家企业，肯定存在着一批优秀的员工，他们胸怀梦想，脚踏实地，克己奉公，尽职工作，以实际行动在心疼我们的企业。这其中有长期以来一直坚持认真、严谨、细致的工作作风的人，他们严把合同审核关，充分收集、整理合同资料，跟进合同执行的各个环节，确保公司利益不受损；也有坚守在异地，为实现异地项目开发积极奔走、多方协调的人；有重责任、敢担当、有作为，就连春节都一直坚守在自身岗位上的人；有在平凡的岗位上兢兢业业，时刻保持车辆清洁，悉心维护车辆"健康"，以主动、热情和耐心，提供安全行车服务的司机；有挨家挨户上门服务将资料移交到位，日夜跟进手续办理，面对重复、琐碎的工作，一如既往地保持热情，积极与客户签约续租，保证租金收缴和递增到位，等等。

这样的员工，他们是企业的主人，更是心疼企业的典范。

每一家企业，都肯定有这样一批员工，他们时刻以主人翁标准严格要求自己，不断提高个人素养，力争成为一名合格的员工。他们紧跟企业发展的步伐，持续提升职业化水平。他们关注企业成长的每一个细节，以创造性思维，在工作中发现问题，思考问题，解决问题。他们积极和身边的同事分享成长和快乐，任何时刻都坚守底线，维护好企业的利益。他们是企业未来的主人。

柯林斯在《基业长青》中强调，企业要办得长久，一定要保持住企业的老员工，他们跟企业更有感情。我以为，企业要想长久，一定要保持住那些想做主人、能做主人的员工，他们才是心疼企业的人。

没有人心疼的企业，注定无法基业长青。

稳定 致富 幸福

弹指间又是十多年。在这十多年里，风风雨雨过，踏踏实实做，回头一看，使命已达成，那就是稳定、致富和幸福。

稳定、致富和幸福，这是每一个人都在追求的人生目标或理想，没有人会喜欢动荡、贫穷和痛苦，但大多数人，在这条追求的道路上，没有搞清楚三者之间的关系和顺序，或凭着一腔热血横冲直撞，或心浮气躁得陇望蜀，结果把自己弄得焦头烂额，最终却一无所获。

稳定是第一位的

稳定压倒一切。稳定是追求致富、追求幸福的基础和前提，朝不保夕、动荡不安，寄人篱下的生活足以压垮一个人的坚强、忍耐和锐气，只有稳定的环境，稳定的居所，稳定的工作，稳定的公司，才能让一个人充分发挥才华和能力，去创造价值和财富。

稳定是一种态度，要知足求进。知足才能珍惜当下，但知足不能演变成安于现状，还要奋发求进。比如要持续保持对企业的忠诚，只有忠诚，才能收获信任和认可，获得尊重、支持和帮助，又要传播正能量，成为公司优秀文化理念的推崇者，而非破坏者，还要深度挖掘自身潜能，追求进步，让能力与理想匹配，去承担更多的责任。

要先求生存，再求发展，避免一事无成。生存永远是第一需求，有了生存的空间，才有发展的勇气和力量，我们首先要解决吃什么住什么怎么活下去，才能进一步考虑怎么活得更好更精彩。企业同理，需要有稳定的办公场所、稳定的人员团队、稳定的业务、稳定的财务收支，才能开始追求盈利、发展和扩张。为了稳定，我们要大胆起用和培养年轻人，年轻人成长了，我们的事业才更有希望，让他人成功了，我们大家才能更成功、更稳定，真正做到人人能干事，事事有人管，企业也就能良性发展。

每个人都有想法、追求，但不要在前往追求的途中夭折。个人要稳定，不要东奔西走，浪费机遇，企业要建立稳定科学的商业模式，寻求盈利的支撑和财富的支撑，走上致富之道。

致富是稳中求进

致富是人人追求的，但前提是稳定。抛开稳定去追求致富，好比在腐烂的地基上起高楼，在窄浅的河道上行巨轮，根基不稳，都是缘木求鱼，到头来落得一无所得，两手空空。所以，人只有在后顾无忧的情况下，才能冷静规划，进退自如，坚定追求。

致富光有稳定还不够，要开足创造动力，因为创造是强大的动力，价值从中而来，财富从中诞生。财富不会凭空诞生，个人想要获取，只有用劳动、工作去创造价值，然后用价值换取财富，企业也要向客户和社会创造价值，换取盈利，才能致富致强。企业讲"利益攸关者增值，职业化永续发展"，"共谋共创、共担共享"，所以我们要讲创造致富，分享致富，员工要发家致富，那是件好事，也不必藏着掖着，前提是我们要在阳光、透明、公正、创造下发展致富。

在致富过程中，要时刻保持清醒，要求结果，求贡献，求信念。结果解决有没有执行的问题，贡献解决有没有能力的问题，信念解决有没有价值观的问题。企业需要每一位员工秉承这三点，去创造盈利而非亏损，多谈"功劳"少谈"苦劳"，须知辛苦解决不了问题，当然没有辛苦和努力也产生不了"功劳"。

要赢得全面的信任，我们的能力、结果、贡献，要靠第三方评价，考验上司、平级、下属同事对你的信任程度。沉溺于自我评价、自我肯定，后果是陷入自我陶醉不可自拔，用能力、结果和贡献，赢得身边人的信任和支持，才是你前进的动力，在创造和致富的过程中，信任永远是不可或缺的力量。

幸福是水到渠成

幸福的定义见仁见智，有人认为丰衣足食是幸福，有人认为功成名就是幸福，有人认为家庭美满是幸福，有人认为平安健康是幸福，有人认为解决问题、做出结果、创造价值是幸福。但我认为，幸福就是一种感觉。同样的处境，同样的生活，有人会觉得压抑，有人会觉得枯燥，而有人会甘之如饴，何故？感觉不同罢了。幸福因人而异，但归根结底，是心灵得到快乐和满足的感觉外现。

幸福是要与人为善，善待他人，才能幸福自己。与一味索取相比，付出更让人幸福，与冷漠自矜相比，送出温暖更让人感到幸福，这就是善。"善人者，人亦善之"，多一点宽容，多一点关爱，用友善去点亮周围，用付出去温暖世界，回馈给我们的，除了心灵的快乐与满足，还有来自世界的真诚和暖意。

只稳定，只致富，不构成幸福。稳定和致富是幸福的充分条件，但不是必要条件，否则社会上不会频频传来娱乐明星、老总富豪自杀的新闻。物质上的丰富，会让人在一定程度上感到满足愉悦，但过于贪婪，而造成物质追求与心灵需求的失衡，也会引导人走向毁灭。正所谓"仓廪实而知礼节，衣食足而知荣辱"，说明物质是基础。孔子曰："贤哉回也！一箪食，一瓢饮，在陋巷，人不堪其忧，回也不改其乐。"这才是精神占主导地位的幸福。

真正的幸福，是心的幸福，需要心灵的洗涤，需要心态的调整，需要给人温暖。扫去过多不切实际的杂念和欲望，沉静心性并积累智慧，洗涤心灵，是迈向幸福的开始；调整心态、拒绝攀比，感恩拥有、珍惜当下，规划明天并为之努力奋斗，是通向幸福的关键；把爱带给别人，给予身边的人尊重和关怀，在阳光的路上温暖前行，步入幸福。

　　先稳定，再致富，最终幸福，这才是人生真正的赢家，每个人的幸福或许不同，但我们实现幸福的路都是一样的。社会正越来越浮躁，人人盼望一夜暴富，瞬间拥有财富和幸福，我不抱有这种想法。踏踏实实地奋斗，让每一个人稳定，致富，然后幸福，这是企业组织的使命，也是我们个人的使命。遵此使命，我们努力创造稳定，创造财富，创造快乐，我们必定会走在幸福的路上，并迎来成功。

职业之悟

关于组织能力

➢ 有人说快乐就是成功。成功来自战略与组织能力的结合。战略是选择和设计，对员工而言是定位，而组织是需要不断地变革和优化的，反映的是员工能力。如果能平衡和处理好这几者之间的关系，自然就会快乐，也就随之成功。

➢ 智慧地经营人生，关键是思考得失之间的平衡。我们需要什么样的人才，要看我们能否把人当作公司的重要资产，能否把人当作公司的核心竞争力之一。只要能树立这样的观念，人自然就成为主体，人自然就会成为成功和持续发展的动力。

➢ 企业构建胜任力模型，主要是评估员工的知识、技能、素质、经验、性格，以此来划分员工能力的层级，因为每家成功的公司都需要在不同的层级上反映员工能力。只有这样，公司才能有快速反应和质的变化。

➢ 如何留住并激励人才，见仁见智。我的观念是在处理能力与业绩的关系上始终坚持一个人或一个部门会作出超比例的业绩或者从进步中获得较少的利益，但是这样短期的不平衡会在长期的过程中得到平衡，我们不能太局限于任何事件的项目化和促进短期销售的利益化。

➤ 关于人才发展模式，没有固定的经验和工具，主要是看我们在每一个岗位上的员工能否保证自己的承诺和信息的准确性。这样一来，组织通、流程顺，任何事情都会变得简单和阳光，我想这就是所有企业都想要的人才发展模式。

➤ 人才必须学会倾听，倾听是沟通的基本渠道；人才必须要有责任，责任是成长的源泉，是发展的动力，是心对心的承诺，是脚踏实地的行动；人才必须要自我增值，增值带来机会，机会带来分享，分享带来满足，满足带来幸福；人才必须学会治理，治理创造标准和游戏规则，能使个人和企业实现双赢。

➤ 认清口号不是文化，只有把客户和为客户创造价值作为导向而制定的使命、愿景、价值观、目标才是企业的一种真正的文化。

➤ 变革付出最低的成本是文化导入。保障变革成功的一项重要工作，就是根据不同的行业和不同经营风格建立相对统一的职业化标准，这也是重塑员工思维模式的方式。解决员工思维模式的差距，需要我们思想统一和一致行动。

➤ 沟通是说服心灵，并不是说服表象。对此，我们必须明白，要有清晰的认识。

➤ 每位员工都要找寻某种大于自身的参照物作为榜样，无论在哪个岗位上。只有这样人才会进步和成熟，因为成熟的标志是发现自己过去的幼稚，否则就会迷失方向，容易忘我。

➤ 结果导向是企业经营管理不变的定律，这是我们必须一直坚持并努力推进的，那么结果是什么？结果肯定是可依、可量、可改和可查的。

➤ 职业化时代要消除权谋，一切尊重流程标准，我们所有工作的争议应在标准上，而非个性上。

➤ 把每年销售额的一定比例用于产品研发和期权激励，这从一家企业的长远发展看，是完全值得设计和实行的。

➤ 组织是实现战略的最好机构，要把事业做好必须认真研究组织架构的设立。建立组织必须要以员工和客户为原点，信息的对称和流程的扁平化显示了组织的决策力量和独立性。授权信任机制是组织的一个重要内容，特别是跨部门的组织合作，需要明确的授权清单。组织是用来检验管理有序、流程合理、执行标准的重要依据。

➤ 组织里的流程决策和各类技术委员会决策需要以全面预算管理为标准，这样才能保证组织的良性循环。组织最难解决的问题是垂直和交叉问题的统一性，需要重点面对、研究和克服。

组织的有界与无界

1. 其实有无边界并不重要，重要的是每个人心中有无边界的思维。边界是一定存在的，无边界也一定存在。正所谓利缘取义，义就代表着刚正、诚信、责任、道的结果。

2. 不管是有界无界，还是水平、垂直、交叉，归根结底要解决的是扁平问题，而扁平的检验标准是流程和标准是否顺畅，结果和效率是否能改变现状，公司发展和自身的分享是否有质的飞跃。

3. 换一种说法，要想打通有界与无界，必须以客户和员工为原点，以利他精神为导向，以专业与职业的细分为原则，才能发现现象背后的本质，才能实现自身的有效产出。

4. 信息的对称是至关重要的，如果每个人在每个环节上的沟通、经验、职业、技能、尊重、理解、包容、方法、责任、诚信都运用得当，那每个人之间都会实现对称，每个人都会消除隔阂和障碍，也才能实现每个人心中有界中的无界，才能达到心中无界、行动有界的境界。

企业的利润区在哪里

> 对于企业而言，其实每一位员工就是一个利润区，只有当你把产生利润作为一个重要职责的时候，你才会产生利润，你才会改变公司现状，才会在报酬与付出中得到平衡。

> 任何一家企业的成功，都在于战略模式的设计，而战略设计是一个管理团队的工作事项，只有把设计纳入管理流程，我们才有产生利润区的可能性。

> 有序组织的有序管理是产生利润的前提条件，而创新是获得利润的必要条件，实现创新是利润的充分条件，创新需要在思维变革中产生，创新需要在破坏性中建设，人人都懂得要创新，可现实中很多创新往往就在没有实现创新之前死亡了。

> 懂得生存才会懂得发展，尤其在发展壮大时期，从某种意义上讲，模仿和跟踪战略其实是一种不错的选择。

> 在当下时代，管理者往往忽略了企业应该围绕某个"中心"而转变，即从以产品为中心转向以客户为中心，以产品营销为中心转向

以服务营销为中心。相应地，在利润区也产生了大的转变，企业的步伐当然要跟上，应该转变成着眼于为客户提供增值的解决方案。

➤ 管理团队的重要任务是时刻准备着建立利润池，盈利模式是实现利润的通道。不管是降低边际成本，还是提高产品价格，不管是价值链的改善，还是资产效率的提升，不管是客户的满意，还是有序管理的满意，我们都必须作出快速反应。

➤ 企业的成败在于设计，设计的成败在于战略，战略的成败在于盈利模式，盈利模式的成败在于利润区的持续，人生的经营也是如此。

➤ 提供解决方案实际上是一种增值服务，这种增值取决于双方对增值空间发现的多少。如果方向正确，这种空间的满意度、忠诚度和信任度就会越来越高，随之利润区会越来越大。

➤ 利润区其实就在现金、增长、种子业务之间不断切换，问题是我们的聚集点在什么地方，这显得非常重要。我们生活在这样一个伟大的时代，要对自己养成一生提问题的习惯。

➤ 客户的需求就是一切！利润区是通过价值链来实现的，价值链是通过客户的细分来实现的，客户细分的目的就是要有效产出，有了有效产出就有了利润区的实现。

➤ 从产品的销售看，在锁定的细分的目标客户群里要找到销售行为转移到销售心理（价值观）的方法，从而实现从外在特征向内在特征的顺利转变，这样至少抓住了利润区的方向，也实现了销售盈利的本质——替代。

➢ 我所主张并推行的职业化管理，是要尊重流程减少障碍，是要尊重客户减少误会，是要学会采纳减少自大，是要学会倾听减少冲突，目的只有一个，要尊重经济运行基本规律，形成公平、简单、阳光、透明的氛围，真正达到职业利润区的形成。

➢ 现实中的很多企业，从组织管理到治理结构的管理，由于企业内部文化的冲突，一定时期内没法很好地实现流程利润、扁平利润和管理利润，这一点对于很多的公司在未来的经营中依然很值得期待。

➢ 对物业管理企业而言，变革的核心在于创造增值服务，譬如在安保、家政、管家、出行、租售等方面要有足够的创新能力，也就是在创新的价值服务模式上要有战略控制。

➢ 对房地产企业而言，有些公司的潜在利润很丰厚，但缺乏短平快项目的流转利润，流转要求要集中，集中要求要聚集，聚集要求要钻空隙战略，对潜在的利润项目的筹划利润要足够重视。

制造业的利润区

1. 取决于对经销商管理的决心，也就是如何梳理资格、定价决策和执行合同条约的决心。

2. 建立上市带来的盈余利润管理，价值链的上下游、资本市场的增值、制造型向服务型的转变等，要有更深层次的思考和行动。

3. 价值 = 价格 + 速度。在这样一个时代，速度一定决定着价值，价值决定利润区的存在。不要在创造价值与获取价值之中徘徊，而要在投入与产出之中分析，不要在组织与准组织之中平衡，而要在沉没成本与边际成本之中找到方向。

4. 要时刻保持建立行业标准的风格，它能带来领先，带来高利润，带来高利润的保护能力，尤其是产品的快速升级。

让管理简单化

> 管理是制定目标、满足需求，管理者是通过他人来完成目标的人，管理就是以终为始，管理就是分而治之。

> 一个企业制订了战略规划，也就清晰了方向。但要实现战略目标，必须将战略传递到每一个相关的岗位和相关的人，这才是实现战略的根本保障。

> 目标就是结果，而结果可依、可量、可改、可查，作为参与实现目标的每一位员工，都要把精力集中到结果、时间、责任上来，找出和提供解决方案。做任何事情都要设定最后期限，直到彻底消灭问题为止。

> 有了结果，我们就要对目标进行分解，每个人在自己的岗位上都要给力，要克服主动和被动的关系，要克服困惑和激情的关系，要克服悲观和自信的关系，要克服生存和发展的关系，要克服利他和利己的关系，要克服等待和创造的关系，不要太多地在过程和结果中纠缠，我们只有一个目标：要实现目标结果。

▷ 有了目标分解，我们就要有自己每天进步一点点的欲望，当然这种进步的聚焦点始终在我们的客户和业务上。量化管理的标志就是数字化的表格管理，在没有最好只有更好的原则下，只要有向往，我们每个人就有实现目标的可能。在这过程中更需要我们积极付出，创造分享。

▷ 决策要改变的是"自以为这样""拍脑袋"的习惯，要回归到在多方论证和专业数据解析中找到有效的选择。决策来自经验和智慧，来自系统思维，来自解决方案的选择，来自社会资源的平衡。

▷ 企业战略要求要管控有序，这势必会产生授权和信任机制，我所主张的授权是责、权、利的同等授权，而公司往往在实施过程中会产生偏差，所以这当中的现代企业制度要执行落地，不要高高挂在墙上，这就要求企业的员工都回归到流程上，避免产生盲区。

▷ 信任是一种双方的约定，也就是我们常说的承诺，承诺是需要勇气和代价的，这就如授权里的监控一样，更要求我们对监控的理解是一种游戏规则，是一种职业化的基本道德准则。信任是产生财富的基础，信任是一切机会的开始和平台，信任是自我认知，是有被信任的渴望。

▷ 授权会派生真授权和假授权两种模式：真授权是围绕目标和结果，是主动式的，是做正确的事，是双方以默契的形式展露一切工作状态，是简单的有效；假授权要的是权力，由于对授权条款理解的不一致，对事项产生误会，不能达到预期目标和结果，会产生互不信任心理，导致"权谋"机制无形中形成，这是人才失败的开始。

> 对监控理解的改进计划：研究授权，上下一致；建立沟通，信息对称；构建利益共同体，创造分享；给对方更信任的空间，实现各自需求。

> 发现团队成员之间的差异，做到各有所长，合理配置，充分了解这种差异的整合才是达成目标的本质。人才就是真正找到合适的事，并把它做到极致，骨干并不见得一定是优秀管理者，在这其中要有鼓励的影响，让其产生积极信任。

> 解决"简单激励"和"完美激励"之间的关系，制度留人、事业留人、情感留人只是一种选择，要克服"小事业、大机制"的企业通病，要挑战"要分享、少创造"的尴尬事件。作为团队，要充分提倡积极付出、创造分享的精神。

> 时刻传递目标和结果，这对谁都很重要，过程中的所有争执要有阳光精神，要有利益最大化精神，归集所有人的理想，就能创造别人不能的成就和价值追求。

> 不要有太多的"以时间换空间"的理念，忍耐一定有它的限度，否则榜样无法形成，奇迹无法创造。

> 每个人都应找到生命的出口，那或许是快乐，或许是烦恼。每个人的输出与输入的形式有无数种，无论如何，必须找到一种，使其在成长过程中永远保持自信和乐观。

> 实现自我蜕变的终极目标是改变自己的现状或改变与自己相

关的人，这当然是往好的方向发展，这期间需要在舍得之间平衡、需要有赋予的理念、需要有帮助别人的渴望、需要养成终生调整自己的习惯。这可能才是人生的幸福。

绩效指标设计"四可"原则

> 我一向坚持推行自行设计的"计划—指标—考核—薪酬"这一机制来运行管理企业。指标的设计一定要根据可依、可量、可改、可查的原则进行。可依指的是要确保上下同欲,一切来源有依据,保持与战略的一致性;可量指的是任何指标都能有结果的表述;可改指的是一定要具挑战性的改变现状,并使自己的岗位业绩取得质的飞跃;可查指的是在监察、评估、考评的时候尽可能解决争议,并能达到预期的效果。如果在这样的原则下展开绩效管理,就不会偏离方向。

> 在许多公司的绩效考核指标的设计上,常见的问题是什么呢?首先,是定量而非定性,是战略而非任务,是追求而非平衡,是结果而非过程,是改变而非不变,是实现而非主客观,是关键而非日常,是挑战而非服从,是主动而非被动,是节点而非变化,是改进而非完成,是责任而非分解。这些都是需要理清楚的问题。其次,有一个特点,即懂得的人在权重、计分办法上使劲,不懂得的

人在指标上、责任上争论。

➢ 大部分企业为什么要选定量而非定性？一是因为基础薄弱，定量更能看到结果；二是因为管理和沟通能力现状不够支撑；三是每个人对进步的需求不平衡导致定性的一致性缺失。

➢ 绩效考核的源头是对战略目标的分解和落地，如果方向偏离，那即使停止也是进步。

➢ 绩效指标考核的本质是拉开差距，奖励先进和贡献，而我们恰恰会进入误区，到达基本平均主义状态，有些甚至把日常当关键指标来使用，改进的方法当然是取决于责任的态度能力，而责任往往是取决于自身的进步和对公司的贡献。

➢ 提倡职业人要有每天进步一点点的思维，认真对照自己的周、月工作总结和计划，找到关键中的关键指标，累积进步就是对自己最好的回报。

➢ 尽管不少公司实行的重点是定量的 KPI 考核，但能否做到定量与定性之间的有效切换？譬如满意度指标的问题，每个人的认知是不一样的，剔除不确定性因素，在结果和评价中找到正确，那才能实现考核的真正目的。

➢ 在绩效指标考核过程中，容易忘记这期间的杠杆，就像财务的负债率一样，那就是权重和计分办法，是否基础与挑战？是否底线与雷区？这时候指标已显得不那么重要了，关键是对杠杆的认识、理解和使用，而杠杆的力量往往取决于责任与态度的能力。

➢ 要想绩效指标在"四可"原则下有明显效果，我建议采取

"五坚"的态度：

1. 坚定目标。只有心中和心外都有目标，才能产生结果、自豪和成就。"在其位、司其职、行其权、担其果、享其利"，道理就在其中。

2. 坚决执行。关键的是执行，执行的是关键；简单是结果，关键是事项；相信一切质变都是从量变开始，从现在开始即刻行动比什么都重要。

3. 坚守沟通。始终保持职业和严肃对待绩效管理，尽量缩小沟通的漏斗，使绩效考核管理的文化形成最短并越来越到位。

4. 坚持推进。不言败、不放弃，化外驱动力为内驱动力，自然形成文化。

5. 坚信信心。积极、乐观面对"定、评、做"，我想我们一定会有所作为。这就像学习一样，每个人需要有勇气去面对并克服，而不是选择逃避，信心比什么都重要。

生命的真谛

　　人心浮躁，人活着是为了什么？时代剧变，我们当何以自处？这是每个人都不得不面对的人生问题。《西藏生死书》讨论了如何认识生命的真义，如何接受死亡；《写在人生边上》是对生命的敬畏与平静质询；《金刚经》告诫人们以出世的情怀做入世的事情。

　　《活法》为我们描述了一种令人鼓舞的"活法"。它帮我们在解决生命的本质是什么、人生的有聊与无聊这两个命题上给出了积极的参考。生命的本质是利他，是赋予和布施，是奉献和爱，这样心态才能阳光健康，人生才不会困惑、迷失甚至消沉，生命才会变得有聊和向善，因此才能体现生存的意义。在此基础上，《活法》提出了两个核心思想：一方面，作为人应该在生命过程中不断提升心性，让自身的灵魂得到升华；另一方面，人的命运是可以通过努力而改变，但因果的规律是无法改变的，人只有在生命中追求精进，种下积极有为的因，才能收获向善的果。

　　当下企业的员工有 60 后、70 后、80 后、90 后，甚至还有 00

后，起点不一样，知识结构不一样，需求不一样。但作为人，在人生道路上，在职业生涯里，不要怨天尤人，也不要庸庸碌碌，而应该积极思考，日有所进，提升心志，向着梦想奔跑向前。

正向思维。就企业来讲，对员工工作的要求是要更出色，对内部管理建设的追求是让企业运作更加职业化。这些追求的共同点就是正向积极，朝着人性美好高贵的方向。就单个的人而言，我们也应该选择积极有为的人生，有强烈的愿望支持自己持续努力地做点什么有益于自己、有益于世界的事。否则，人生就没有存在的必要。

日有所进。读书能让我们进步，对话也是，强化管理也是。企业希望员工能够"自燃"，工作自觉主动，对自己有高标准严要求；企业非常欢迎一点即燃的员工，通过引导能很好地释放出潜能和热情；企业当然拒绝装睡的人，因为他们是唤不醒的。如何做一名可以燃烧的员工？唯有喜欢工作和投入工作。喜欢而不投入，只会空有热度好高骛远；投入而不喜欢，就不会有创造的灵感和收获结果的喜悦。因为喜欢而投入工作，因为持续投入而喜欢工作，在这样的相互作用下，我们定能日有所进，提升心志。

奔向梦想。人与世界通过心建立起某种联系。我们的信仰关乎心，为人处世的原则底线关乎心，事业的成败关乎心。所以，我们要相信共同的愿景，相信我们的工作生活能有好的结果，相信我们的职业理想，相信我们自己所选择的。向着梦想奔跑，做一个真正幸福的人。

企业内控与风控

关于战略和财务

➤ 认识感知。存在就有风险，面对风险要有勇气。讲到风险，人们就会想到约束、制衡、信托、风控、责任、管控、评估、决策、监督、预算、授权、审计、委派、强势、改进、治理、政策、管理等词语，但我们每个人心中的感悟和处理方法不一样，就此我们每个人面对的风险也就不一样，因此出现结果的成败也不一样。

➤ 存在风险。房地产业，开发或拆迁进度不可控、融资负债率、项目流程正确性、政策变化；制造业，差异化竞争、战略创新、目标挑战管理、制造与服务、产品与竞技之间转型；投资领域，产业关联度评估、创投对赌协议落实、专业人才的培养和关注。控股公司，价值观管理坚定性、既定管控落实到位、管理团队对文化和事业认识一致性。

➤ 改善建议。建立利润池渠道和现金保有量管理；想尽办法创新，迫使产业向更高层次转型；选择方向正确及过程评估，哪怕是慢也是一种进步；统一管理和核心价值观，解决文化冲突的现实突破，使执行落地，战略不断推进，企业语言有效传播并发扬光大；确立财务各种杠杆的比率，认真研究进、销、存合理比例关系，建立风险预警线的底线原则机制；坚持既定的董事会运行的治理结构模式，有勇气面对各种解决方案。

关于运营和市场

➤ 组织架构建立的充分评估比什么都重要，它决定企业稳定、发展、治理的合理性。

➤ 建立责、权、利机制，不是麻烦而是简单，再加上职业化这个决定企业健康运行的关键因素。

➤ 投入产出和客户价值分析是风险关键，目的是追求资产优质和报表优质。

➤ 现金保有量管理是何等重要，不管是冗余还是短缺，管理层都要有一个清醒的认识。

➤ 产供销协调会要坚持，并严肃对待持续优化，避免浪费，进而使效率明显提升。

➤ 任何一个成员都要有系统性、连贯性、突破性三性合一的思维，避免顾此失彼。

关于法律风险

➢ 制度的建立是及时、必要、合理的，但我们更需要的是建立上下认知统一的"法律"环境。"制度第一，总经理第二"这是底线，制度不能高高挂在墙上，而要时时落实在执行上。

➢ 每位员工都是企业组成的一部分，有责任也有义务使企业的资产结果回归到有效或优质状态，这是法律风险控制的源头，有了这之后麻烦的事一定会少。

➢ 在所有的兼并、收购、合作、分立、重组、股权与期权的设置过程当中，应切记有一个或多个或有负债的存在，这是所有当事人忽视法律风险的通病。

➢ 不管经营哪家企业，在重大事件或重大协议的签订之前必须要做到：事前尽职调查并向专业法律人士或顾问咨询，事中对每一条款细细研究，事后跟踪与评估。

➢ 建立接受责、权、利三者分立监督机制，这一点尤为重要，因为很多法律风险往往因此而生，企业也因此而败，要做好充分防备，尽可能防止负面权谋。

执行正解

真正的执行为何被忽视

➤ 在认知上，执行是企业所有成员的主要工作！股东会、董事会、管理层、执行层、操作层之间要保持高度统一，战略、管理、执行也要保持高度统一。

➤ 在行动上，往往把执行与中庸相提并论，而中庸恰恰是不偏不倚，是一种境界。如果对执行的理解做到了不同于对待中庸的理解那样中间或中立，那执行就会成为目标与结果之间的桥梁。

执行不到位的失误因素

➤ 想和做相对分离。当我们把战略看作基于理的道路选择时，战略和执行本身就是一体的，如果不能做到知行合一，那战略本身就没有任何意义。

➢ 对执行体系缺乏评估。大的讲战略、管理，小的讲绩效、计划总结、业绩审计，执行不一定有好的结果，但好的结果一定是靠执行出来的。

➢ 执行缺乏准备。要充分执行最重要的标志是有切实可行的解决方案，而非上摸不着天，脚踏不着地。

➢ 团队协作不明显。这可能也是中国文化的通病，很难发现并充分利用团队的差异性来达成目标结果的完整性，而且在这过程中还能保持对其他成员的友好鼓励、赞赏与包容。

对于执行的三大基石认识

➢ 面对：面对一切，好的、坏的，有勇气承诺，有勇气改变，有利于现状的发展。

➢ 跟进：任何结果的实现都靠跟进来执行，这期间要保持动力和对目标理想的追求。

➢ 结果：企业管理不是在讨论哲学，企业内部的任何变化、变革、发展都要以结果为导向。

➢ 执行文化和执行能力：执行文化要上下统一，形成靠职业化的决心，执行能力体现一种效益和质量，形成靠匹配评估，衡量标准人人是人才。

➢ 人才是资产：这不是口号，要融入管理和执行的每一个环节，是企业前进的基础，是企业创造利润的源头。

> 管理和管理者：管理通过制定目标满足需求，管理者是通过他人来完成任务的人，这两者都要靠执行才能实现。

执行与竞争力及职业化

> 执行和执行文化能否成为管理的核心竞争力？这是一个命题，但我们确实需要因有价值而敬畏，始终围绕执行产生价值、围绕执行文化产生持续，尽一切办法制造独立责任的能力，创造信任通道的平台。

> 找方法，做结果。这道理很简单，做起来却很难，如果还要坚持还要持续则更难，如何让结果变得有质量地增长，我们只有不停地找方法去执行，才能使结果更好。

> 继续打造职业化。只有继续走职业化道路和对职业化含义有深刻的理解，才能做到"与其临渊羡鱼，不如退而结网"，执行才有了基础和保障。如果处处存在执行的力量，那向管理要效益向市场要利润，就变得不那么高不可攀了。

三大核心流程

> 人员选育：要保持清晰的结构，先有战略然后是目标再是职责，以此为方向执行落地。此外则要有持续改进的能力，这里的能力不是看法和建议，而是解决方案和实现结果的能力。

➤ 战略制定：首先围绕盈利，如何发现盈利点并壮大盈利？如何保持盈利的持续？在盈利过程中如何保持短、中、长期的平衡结合？其次围绕增长和突破，稳是前提，只有增长和突破才是发展质变和企业根本的需求。

➤ 运营实施：对战略下的目标计划要有足够的关注，对跨业务及部门要有同步协作精神，这才是奔向价值实现和贯彻企业文化的关键。再者，对结构目标要随时保持一种优质状态的努力，从而促成人在战略中发挥运营的最大贡献。

初识宗教

> 学习的本质不是学习的本身，而是在于如何悟，正如大学学习生涯，主要是培养一个人的习惯和思维。

> 生活的苦乐在于自己的内心，而内心需要靠自己的心灵去平衡和洗涤，所谓的智慧和高尚是日复一日修炼的结果。

> 我始终把"持中致和"作为我处事的原则，中是不偏不倚而非中间，致和是任何事首先要利他及双赢角度而非一派和气的假象。

> 人类其实可以归纳为三个字：性、欲望。性是解决相续和繁衍的问题，而欲望则是解决发展和创新的问题。特别是对欲望的生长、生存、发展、控制，我们每个人都需要有节奏地随时间推移把握，否则会适得其反。

> 宗教认识：是信仰之事，寄于教徒之恪守教诫；是身有限而心无限的共同信仰；是尊天、敬祖、崇德报功的合天人、包万有；是对情知的勖勉和力量的结果体现；是怀着希望生活的救世主；是依赖感的一切根源；是在一定程度上对自我的妥协；是延伸现代企

业管理的文化价值观。

> 道德认识：是理性之事，存在于人之自觉自律；是莫知其所以然的无止境的向上奋进、不断翻新的率性而行；是信赖于自己的理性而不再信赖其他；是择其善者而从之，其不善者而改之；是无为而治的极限；是己所不欲，勿施于人；是一切做人和做事的知、情、意的法律底线。

> 道德是生命之艺术：是生命的和谐、人生的艺术；是顾外则遗内，求中则离根；是明明德，是令人愉悦；是一种力量，是一种生命力，是一种感染力；是不离开事实而高于事实的自由；是一种价值的本质尊重。

> 生命的本质是赋予，赋予的本质是爱，爱的本质是奉献，奉献的本质是向善，这使得我们每个人必须在诚实与率真中积极向上，在成己与成物中超越向上，这样才使自己的生活和生命活出精彩。

> 人生阶段要面对解决"无聊"所困惑之命题，正所谓"无聊"是生命意义的缺失和生命感受力的缺失，而生命意义的缺失要解决功利主义，生命感受力的缺失要解决麻木不仁问题，这二者归根结底是心为物役所造成的心灵丢失，只有建立起充满确定性的内心世界创造奇迹或者用强烈的意志肯定自己的生命的勇敢态度，才会找到自由而醒觉的心灵，最终解决无聊而成就幸福品格。

> 尤其在欲望炽盛的时代，我对人生的合理态度的理解是：工作紧，生活慢；学习紧，心态宽；精神紧，物质松；向内紧，向外放。通常我们生活在这个世界要在高度、宽度、深度上有所作为，高度解决人生的支点，即所谓中立而不倚，宽度解决人生的空间，即所谓至诚无息一以贯之，深度解决人生的愉悦，即所谓进学则在致知。

人当自信

但凡有所建树的人，都具备一种相同的品质：自信。

自信是相信自己，相信自己的能力，相信自己的价值，相信自己做出的每一个决定。人要把握自己的命运，就要相信自己，树立一个长远目标，然后用毕生精力做好这一件事。

追求目标的过程中，可能充满曲折与挑战，自信会帮助你正确地认识自己，正视自身的能力，确立自己的位置。通常在挑战面前，有人会轻视自己，妄自菲薄，有人会骄傲自大，盛气凌人，结果都自食苦果。自信的人会正视自己，正视困难，谦虚谨慎，谋定后动。他对自己所想实现的目标有一个清晰的认识，对如何实现心中抱负胸有成竹，对将要面临的风险和困难做足了应对的准备。

更多时候，人生会因奋斗却看不到成效而陷入枯燥、平淡和乏味的节奏。这时候考验的是一个人对自己的信任程度和对目标的坚持。也许每一个人在生命里，都曾屡次下决心要朝着目标努力，可最终都浅尝辄止，结果下了多少次的决心，实际就意味着多少次的

　　放弃。其实这种人，从没有坚定过对自己的信心，没有付出过真正的努力，最后在一个又一个"下一次"的悔恨中度过，一事无成。面对瓶颈，人更应该保持自信从容、积极进取的人生态度，主动寻求改变，走出困境。

　　人生至少要做好自信这一件事，才不枉过这一生。

无为而大为

什么是真正的无为

▷无为属于哲学范畴，是一种道的精神，是需要我们充分论证"有"和"无"的关系、"满"和"空"的关系，而事实往往更能证明"无""空"恰恰是最有用的部分，例如杯子。

▷停止梦想难以产生智慧，而无为并非是要求止梦，反而是对有章可循和有序状态要求更高，这就是无为和职业化的起源。

无所作为和无为而治

▷无所作为是一事无成，无为而治是一种境界，当然其背后支撑的是影响力和规则。

▷无所作为是正如"本能决策"一样的"现状偏见"，而无为而治是一种放手，要正确面对认知并严肃协调责、权、利的平衡。

➢ 就团队而言，无所作为往往是制造是非、埋怨现状、唯我独尊，而无为而治靠的是领导力，也就是影响力，与职位无关，而结果的体现，最大的反映是可预见性的效率甚至效能。

➢ 有一个命题必须弄清晰，那就是除了科技的进步，我们都在做"重复"这件事，谁都明白世界离开谁都能运行。因此，不管是无所作为而有为还是无为而治而大为，我们都得做好"重复"这件事，这也是所有人共同的相信和期望。

好的开始是成功的一半

➢ 规划来得比什么都重要，认知自己关注世界，要作为一切前进的动力。

➢ 结果导向和目标拉动，始终是人生做事和管理的准则，一步一个脚印坚持信念，专注思考，使期望在抱负和目标之间找到归宿。

➢ 善用逆推理念，相信因果关系，相信付出与回报之间一定存在关联，始终保持学会倾听和理解的行为状态，这样的开始相对心中的成功可能会显得更好。

➢ 要不断尝试，从现在开始有计划地培养和检讨自己的核心能力，那就是对上具有追随力，对下具有领导力，对外具有影响力，对内具有执行力，对自己具有平衡力，只有这样一以贯之，才可能会离成功更近些。

理解信任与放权

➤ 相信是一种力。思善而不思恶，上德不德，是以有德。企业存在的理由有两个：一是保持盈利，二是控制风险。不管是盈利还是风险都与信任密切相关，寻求责、权、利的合理平衡始终是一个命题，这正如专制与民主、亲和与严肃之间保持一个精妙的平衡一样。

➤ 要懂得信任通道的本质含义是认同加默契，人只有在这样的状态下才能真正释怀和赢得动力，信任就像能力，是在运用和分享过程中被强化出来的。

➤ 权力是在制度框架内的管理有度和管控有序，而放权更多是提倡在团队范围内实现目标的过程中求得富有建设性建议的帮助。

置身其中与置力其中

➤ 很明显，置身其中就是信任，置力其中就是不信任。

➤ 置身其中更多的是战略层面，置力其中更多的是战术层面。

➤ 譬如城市更新中的拆迁可能要置身与置力相结合，并不能完全分割。

怎样才算亦师亦友

➤ 尽管物以群分、人以类聚，但要相信正始终压邪，这也是人类存在的根本。

> 独立个体作为关心的对象，谦下，接地气。

> 参照物或榜样是内力和行为的驱动力。

> 具备信任的包容和及时行为的影响，人的心量无限，所以要谦下，有了谦下之心，扩量增容，量大自然用大福大。

> 在团队里充分展示业绩贡献，并有利他精神。

> 地势坤，君子以厚德载物。不断提醒自己做一个传递正能量、积极向善的人。

> 培养值得信任的特征作为人生前进的品牌。

强调利益与重视价值观

> 任何企业产生的结果——利益，靠的是文化及文化背后的价值观。

> 考核是一种挑战，而挑战往往在分享过程中完成。

> 绩效管理的初级阶段，首先要解决的是定量，其次才是定性。因为定量是价值，定性才是价值观。

区分价值与价值观

> 价值就是自我创造，价值的核心本质内涵是自由人，自由是人生追求的最高目标，能创造自我的存在就是自由人。

➢ 价值观就是事物价值在个人思维中的观念，是一种内心尺度，它凌驾于整个人性当中，支配着人的行为、态度、观察、信念、理解等，支配着人认识世界、明白事物对自己的意义和为自我了解、自我定向、自我设计提供充足理由。

➢ 如果企业的价值观主张共谋共创，致力多赢，那每一个成员都要把思考作为准则、把创造和创新作为动力、把多赢作为成就实现企业价值观的发展和完善，并不是所有的价值最大化就是价值观最好的选项。

互联网思维的底层逻辑

关于互联网思维

➤ 互联网思维是无地界、无界限，而一切都是为了迎合用户、满足用户，但每一个用户对品牌而言，恰恰是潜在的盈利点。

➤ 互联网连接一切，想成功的关键是在专注中坚持，在坚持中专注，并且周而复始。

➤ 互联网的强大是时代所致，除了故事和概念之外，资本是秘密背后的秘密，动力背后的动力。

➤ 在互联网思维时代，任何人、任何企业想转型，都必须遵循三原则：一、用户永远比客户重要；二、有依靠比没依靠更重要，三、早变比晚变更能活下来。

关于极致

➤ 是需求的最高境界；是奇迹的化身；是求变的革命；是能创造幸福和快乐的体验；是超越预期的结果；是结果的价值最大化；是追求完美的原动力；是对产品的一种饥饿；是技术无法复制的创新行为；是痛苦的对抗及终止痛苦的良药。

关于口碑

➤ 是初心和积善的开始；是迅速崛起或黯然失色的代言；是传播用户拥有的明镜；是信任关系链的保障；是有市场就有收益的屌丝经济及逻辑；是人的自媒体力量发挥的创造者；是粉丝思维的执行结果；是品牌延伸的优越感；是可以选择放弃但不能放弃选择的角色渴望；是控制用户疲劳和爆点思维的落脚地。

快与移动互联

➤投入少、周期短、结果快、方向准。
➤角度、锐度、速度三者合一创造创新及创造奇迹。
➤移动互联是在逆逻辑下的交互行为，通过消费者与互联网的迭代创造痛点，通过预期体验激发价值，从而改变自身，改变周围，改变未来和挑战。

➢ 在未来移动互联的世界里，线上线下一体化：消费者的信息链伸长，行为链缩短；云地一体化：未来有很多云团，但要找到地组合，才能在互联网中间实现最大化；前后一体化：3D 打印的革命不断优化，必将使生产全流程电子化。未来对一体化谁有准备谁就向成功靠拢。

伟大是练出来的

有人说，伟大是逼出来的，是熬出来的。不禁自问，伟大是什么？

它的对立面是渺小和平凡，但并不意味着渺小和平凡的人无法成就伟大。伟大，不仅在于那些轰轰烈烈的行径，更多地体现在我等平凡人于精神上的富足、对信念的坚持和对琐碎的超越。

伟大是熬出来的，这话看似不中听，却道出了"伟大"的诞生是何等不易。伟大不是凭空臆想出来的，也不是随随便便就可一蹴而就的，伟大是心灵煎熬、身体磨砺及意志锤炼的结晶。

不争是最大的争。热门、时髦的事情人人都争着、抢着去做，有为者却寥寥无几。在自己专业、平凡的领域每天进步一点点，虽然很艰难，很慢，但竞争对手少，这样十几二十年坚持下来，你脱颖而出，成功的机会基本是百分之百。这正是不争的智慧所在。

从容是取胜的智慧。人生中处处是考验，有来自家庭的矛盾，有来自事业的压力，有来自竞争对手的锋芒。在复杂多样的博弈里，且忍它、让它、由它、敬它、面对它不要怕，在他人的轻慢里强大内心，壮大能力，从容面对一切，以智慧战胜困难和挫折。

信念是光明的火焰。人生犹如行船于黑暗，要保持航向，灯塔的光明必不可少。理想、志向和信念，就是那灯塔上光明的火焰，火焰生生不"熄"，梦想始终激荡心怀，才能保持希望，焕发生命活力。否则生活于世上，自己何其小，力量何其弱，如水中浮萍，无根无定，终日飘摇不能自已。

人生就像手风琴，要先被生活和环境给你压缩到零，再从零舒展起来才能奏出动听的旋律。所以伟大，就诞生于这平凡，诞生于这一次次的压缩与舒展之中，诞生于不争、从容的人生智慧和一往无前的坚定信念。

价值驱动顶层设计

企业顶层设计的内涵

➤以终为始的系统规划。

➤战略设计的真正驱动是利益的价值驱动，而利益的价值驱动需要做好积极向上的文化系统和价值观系统的评估。

➤企业的顶层设计必须处理好企业哲学、经营与管理、战略思维与系统思考、领导力与组织氛围、自我超越之间的关系。

➤还有，企业的顶层设计必须考虑人格与哲学观的问题，人格解决的是人与世界、人与人、人与心的问题，哲学观解决的是我是谁、从哪来、到哪去的问题。

顶层设计的客观因素启示

➤止于至善的结果导向。

➤ 在高度、广度、深度的背景下，研究商业模式的第三方支付方式。

➤ 处理好客户规划和关系管理，战略解决的是行业、客户、公司、竞争、关系的问题，组织解决的是架构、角色、职责、知识分享的问题，而流程解决的是客户档案、跟进监控调整、客户满意度管理的问题。

➤ 企业的顶层设计最关键的事还是要考虑人的问题，首先处理好思维、情感、心灵、身体的人格关系，其次处理好高层解决品德、中层解决使命、基层解决能力的问题。

企业家转型启示

➤ 在思想上：要从抄袭往超越、制造往创造、速度往效益转变，要从跟随战略往前置战略转变。

➤ 在理念上：要以客户为中心创造利他的独特价值，由结果去改变问题的思考角度制订实施计划。

➤ 在经营模式上：严格区分盈利模式和商业模式，盈利模式指能建立满足利润池需要的利润通道，而商业模式指的是满足客户需要的由第三方支付的盈利模式。

➤ 在策略上：在高技术、高资本、高附加值追求下的高毛利率与净利率的关联平衡。

➤ 在追求上：积极创造、享受分享的合伙机制的年代已到来，谁抓住谁制胜。

➤ 在风格上：利缘取义执行靠的是职业与人性的结合，靠的是信任、默契及共同的价值观。

➤ 在机制上：善于倾听是我们每一个管理者要克服的一道坎，大数据时代的系统分析为决策提供避免、减少失误的标准。

➤ 在管理模式上：作为管理者我们要在计划、行动、监督、考核、奖惩中时刻保持表格化管理的念头。

➤ 在重点上：管理者要时刻关注显性成本、或有成本、沉没成本、边际成本、品牌成本、效能成本、预提成本、待摊成本、学习成本、沟通成本之间的钩稽与平衡。

➤ 在工作模式上：方案、报告要有建议并有选择，例会、纪要要有内容并有效率，计划、总结要简单并有结果。

如何高效稳妥地完成战略转型

➤ 在战略框架下建立创新的商业模式，以利他精神为客户创造价值。

➤ 建立屏障，阻止竞争，明确价值链上的生态液态（生物链）。

➤ 孜孜不倦地寻找核心竞争力。

➤ 自上而下地反复传递战略并形成一致的共识。

➤ 管理层讨论的战略定位：传统＋创新。传统指的是维持原来的项目或即将开发的项目的盈利通道，确保活下去的理由及存在下去的价值，创新指的是在轻资产经营管理模式上发力，尝试金融业务及资产的重组、兼并、包装出售上有所作为，为企业未来的更持续发展奠定基础。

企业转型，领导如何提升团队业绩

➤ 跨界学习：传递观念，树立榜样，理解文化，培训能力。

➤ 动力管理：经营人心，搭建平台，利益驱动，实现目标。

追求有格局的幸福人生

幸福人生是所有人的追求，但幸福人生的获取却总是难以实现。我们的古圣先贤将有为的人生归纳为"修身、齐家、平天下"。而我认为，这也正是获得幸福人生的有效途径。

修身，即是修养身心，在生活中择善而行，约束自己言行的同时，乐于帮助他人，使自己的身心受益。修身是一个长期与自己的恶习和薄弱意志作斗争的过程，是戒除轻浮、骄傲、自大、嫉妒、虚荣的心灵修炼。人生潮涨潮落，是许多人必经的历程，大可不必太在意，生命也有保质期，放下不必要的思想包袱，想做的事趁早去做，想交的朋友趁早去交，想关爱的家人趁早去呵护，人生一定比预想中幸福。

齐家，是担负起对家庭的责任，把家庭经营得幸福。社会中每个人都有多重身份，但不管什么年龄，什么职业，都必须践行你作为家庭一员的责任。作为子女，要孝敬老人，让养育我们长大的他们安享晚年；作为父母，要养育儿女，让他们健康长大，快乐生活；作为夫妻要彼此敬爱，互相扶持，同时要不断努力工作，健全家庭经济。家庭的和睦、快乐是我们许多人幸福感的主要来源，所以齐家是通过幸福人生的必经之路。

平天下，于今天的我们而言，主要体现在对事业有所建树。事业的成就，需激流勇进，虽说在职场上难免此起彼伏，得失切换，但仍要保持本心不失，不受利诱，不受物惑，以人格修炼的完善来促进事功的建立。事业的成就，也在很大程度上，决定着一个人的幸福指数。首先是经济的改善，让物质生活更加丰富，其次是个人价值的实现令人得到精神满足，最后是事业的成功给人带来巨大的荣誉感和成就感。

幸福人生，得之不易，守住更不易，唯有长期坚持、坚定地"修身、齐家、平天下"，并加倍珍惜。

自控，完善自我之路

➤ 自控与自律。自控如同自律，都需要充分约束，就像自由一样要有条件，而条件是尊重规则、尊重游戏规矩，而非放纵。另外自控与自律也决定着人一生的成功与否，是否被人尊重。

➤ 自控与本能。如果本能是习惯，那自控就是素养，故本能至自控需要历练与成长，需要用心去控制，使之朝良性的状态发展。

➤ 自控与冲动。自控与冲动在一定程度上是事物的两端，就像我们平常所言"朋友"与"敌人"的对立一样，我们会因为冲动而后悔未能自控，譬如兼并合作的关键谈判，我们也会因为太自控而后悔未能冲动，譬如激情的产生，总而言之，要适度。

➤ 自控与失控。自控与意志有关，但失控却与道德、情绪、经验、个性有关。就像人生总有一些路要独立去走，总有一些事要独立去做一样。失控确实是一件很糟糕的事，但谁又没经历过呢？假如能捡起意志，增强内心的强大，自然会回归到自控的状态。

➤ 自控与定位。没有人能一手把你拽入天堂，也没有人能一脚把你踩进地狱，命运中每个人都有心中的定位，那就是目标与价值观，当正能量正确的价值观超越一切的狭隘与自私时，万法唯心，命自我造，自然形成自控，也就意味着命运掌控在自己手里。

➤ 自控与平衡。平衡是一方取代另一方的存在，只要是人终有他内心独立的存在，有人自己奖励自己、有人选择倾听、有人享受孤独、有人消费纵欲、有人洗涤心灵、有人清退记忆、有人拼命工作、有人追求信仰……每个人都需要找到生命的出口，只要找到了合适的人与事，一切皆释然，当然整个过程都离不开自控的存在。

➤ 自控与压力。压力人人有，权且将压力变动力称之为自控，压力作为借口变消极称之为失控。压力的源头是孤独与焦虑，人的孤独源自不完整的内心，贫乏的个人世界，短视的视野和无止境的欲望，而非源自陪伴。常常，在人群中孤独，而在一个人时却丰满了所有，我想这可能就是自控与压力的表现现象。

➤ 自控与意志。自控靠意志，意志靠坚持。要相信持续力量的作用，要想成为一个自控良好的人唯有坚持不言弃，相信力，相信历练，相信善之行，相信对自我的驾驭。

后记

圣人有言：五十而知天命。今年正好是我的五十岁，回首半百人生，不尽慨然。

历史赋予我们使命，而我却把这段历史挂起，暂且当作一种回忆，那只能是苦痛中的一番甜蜜。小时候含泪别离乡村，只是不懂得赞美，等到中年，爱与被爱才理解为宽容与超越，我可能从中享受是非，享受那快乐之后带来的清净。

我在职业生涯中创造了一些管理原则，带来了一些创新，尽管这些对回忆时间的人来说是一种经历，但我相信它们会给我带来永恒的催进作用。某种行为的即时表现方式并不代表我们每一位真正拥有的财富，财富应该体现在我们内心深处，体现在我们日后生活、工作、休息的那份快乐上。

在这不长不短的十多年时间当中，我真心地感谢所有与我合作的同事，以及所有支持我们共同发展的每一位同事家属及社会各界朋友，我们之间通过相互沟通来相互承担责任，而不是在编织权力和地位的索引。时间证明，我们是有能力的，我们的能力是在职业道路上运用和分享原则的过程中被强化出来的，我的任务是围绕目标和结果通过信息与创新进行管理，而不是建立"权力孤岛"。我始终提倡，企业的进步取决于团队的进步，我始终坚信，团队合作过程中所产生的意见冲突，应该纯粹地只是由于工作，而不带任何的个人成见。

有些时候，我总是沉醉于团队能力进步的那份喜悦上，是团队给了我顽强的毅力和必胜的念头，因为任何历史奇迹的创造都是人类思维与行为的整合。我所尝试的辛酸苦辣或许相对丰富些，但不管怎样，我走过经历过，我为有这样的经历感到自豪，不管它是曲折的还是光明的，不管它是沮丧的还是兴奋的。

在处理能力与业绩的关系上，我始终坚持一种观点，即一个人或一个部门短期内可以作出超预期的高业绩，甚至还有可能在短期内获得的利益与这种进步不成正比，但这种短期的不平衡会在更长的周期中得到平衡。我一直都在追求自身以及与自身有关的事发生明显的改善，现在回过头来看，我创建的组织是有活力的，这种组织是有创新能力的，大部分时候，我的团队能把协同增效发挥得淋漓尽致，而且在这所有的工作进程中，组织中的每个人都能保证自己的承诺和信息的正确性。

我也一直在努力寻找一套培养能力的完善体系，因为能力是任何一家企业发展的动力，有些时候它就像胶水，衔接了产品、员工、客户，能保证实现效益最大化。但令人遗憾的是，在这个寻找过程中也有部分未能满足我当初的期待，如同每个人的生命一样，总会遗憾点什么。

写到这里，我希望每一位职业管理者能够在充分的理解上，去寻找那得到与失去之间的最佳平衡点，有些时候它就在瞬间让我们创造奇迹，在瞬间让我们发生质的变化，但愿这些都是真的。

至于未来会怎样，这是值得每一个人期待的。梦想总是很诱人，但大部分梦想永远停留在梦想阶段。只有那些勇敢的行动者，才能梦想成真，我只是希望在追寻梦想的过程中，心灵与心灵之间能互相照应或互相默契。

天大地大，我们何以立于世？我想，唯有"职业"二字。

于个人而言，做到足够职业，才是常葆生命力并实现自身不断进步的上上之策。这是我从学校毕业，步入社会，进而壮志凌云搏击商海，后又转而定位职业经理人钻研管理，一路跋涉而来悟得的人生信条。从企业看，在中国改革开放走过四十年的当下，我一方面亲历了中国企业的稳步崛起，另一方面也看到了新的商业模式不断涌现，有格局有实力的中国企业正在全球价值链上快速攀升。我想，这极可能预示着中国商业力量将有一番大作为，甚至将开创出新的商业文明。作为一名职业事业人，我觉得自己有责任将多年职业管理的思考与实践分享出来，为中国的职业经理人提供一点点借鉴，为促进中国企业的职业化管理提供一点点参考。诚然，我不是专业的管理学者，书中所论权当抛砖引玉，欢迎读者朋友批评交流。

最后，我要表达的是满腔感激。本书出版，承蒙陈广胜、史永翔、刘双平和苏醒四位好友拨冗作序，著名书画艺术家吴冠南先生题写书名，在此致谢。借此机会，我要感谢成长路上最早的两位导师，我的父亲和母亲，他们出身于地道的农民家庭，对于我做人向善、责任意识、学习态度的形成起到了潜移默化的影响，我深信这些对我毕生都是受用无穷的。我还要特别感谢魏国华先生，他对我的信任和鼎力支持，为我提供了施展才华实现企业职业化管理这一理想的平台。另外，在本书的策划、选稿和编校过程中，胡学文先生也付出了大量时间和精力，提出了许多意见，在此一并感谢。

　　年届半百，感恩遇见。感谢职业的力量，牵引着我，武装着我，推动着我，越过职业生涯的一波又一波挑战，登上人生路上的一座又一座高峰。

　　是为后记。

王杰良

2018 年 7 月 31 日

作者简介

　　王杰良，男，1968 年出生于浙江温州，工商硕士（中欧国际工商学院），高级会计师，现为中融华银控股有限公司、深圳锦峰集团有限公司总裁，独创企业管理"计划—指标—考核—薪酬"循环模型。曾先后获得"武昌地区十大杰出青年"（1998 年）、"武汉市劳动模范"、"武汉市新长征突击手标兵"、"武汉市十大杰出青年企业家（2000 年）"、"亚洲资源管理突破奖"等荣誉。